湛庐CHEERS

与最聪明的人共同进化

HERE COMES EVERYBODY

CHEERS
湛庐

[日] 弘子·格蕾丝 著　ヒロコ·グレース　李江英 译

如何接受爱和培养爱

2人で理想の
未来を叶えていく
夫を最強のパートナー
にする方法

浙江科学技术出版社·杭州

测一测

如何提高婚姻中的满意度？

- 一项调查研究显示，更能决定婚姻幸福、长久的是：

  A. 丈夫更感到幸福

  B. 妻子更感到幸福

- 想知道丈夫内心的真正想法，妻子应该：

  A. 观察他的态度

  B. 听他说的话

- 在处理各种繁琐的家务事时，妻子怎样做更能促进夫妻关系和谐？（单选题）

  A. 事无巨细地指导丈夫做事

  B. 让丈夫自由发挥，事后复盘

  C. 怕丈夫做不好添乱，宁愿自己承担

  D. 给出选项，让丈夫选择并承担责任

扫码加入书架
领取阅读激励

扫码获取全部测试题及答案，
了解如何让婚姻中的
彼此更爱对方

扫描左侧二维码查看本书更多测试题

前 言

让爱循环

“从痛苦得快要死掉，到时隔半年后，我与丈夫的关系发生了翻天覆地的变化，毫不夸张地说，是您拯救了我。我宛如重获新生，终于感觉自己不再像行尸走肉般活着。”上述话语是听过我讲座的学员的真实反馈。

有人时常心烦意乱，每天跟丈夫吵个不停，认为丈夫把家务和养育孩子的事情通通都扔给自己一个人。

有人每天被丈夫冷脸相待，夫妻间毫无沟通。

有人不再尊重丈夫，想不通当初为什么会跟这样的人结婚，脑海中不时地闪现离婚的念头。

有人察觉到不知从何时起，丈夫好像不再把自己当女人看了。

有人习惯性地跟丈夫争执不休，凡事都不想输给他。

原本是因为相互倾慕才结合在一起的伴侣，不知从何时起陷入了痛苦的泥沼。待他们回过神来时，两人的心已渐行渐远，徒留一地鸡毛。家中氛围剑拔弩张，夫妻二人不知该如何逃离这黑暗的旋涡。

据说，在男方申请离婚的案例中，排在第二的理由是“受到妻子精神上的虐待”（源自 2017 年日本司法部门的统计数据）。这些丈夫真切地体会到妻子给他们带来的苦闷，例如，妻子总是心烦意乱，对自己语气不耐烦、动不动就发火儿，不管自己做什么都会被妻子责骂，妻子对自己不理不睬、对分内的家务置之不理，出言否定自己的人格，等等。

然而，妻子们的这种“滔天怒气”，实际上是对丈夫“爱的期待”。我反倒从中感受到妻子们的情绪被逼迫至崩溃的边缘，她们是在向丈夫哀嚎着，想寻求帮助，渴求更为炽烈的爱情。

爱情真的消逝了吗

的确，一旦走到了申请离婚这一步，就意味着双方对各自的忍耐已经达到极限，彼此间的爱意也烟消云散了。夫妻之间由于无法理解对方，不知道彼此表达爱的方式存在差异，从而造成明明很相爱，却无法准确接收对方的爱，进而产生误会，这样的案例比比皆是。

实际上，对于妻子来说，如果童年时从父母那里感觉不到自己被爱、被需要，自我存在得不到认同，在缺乏安全感的环境中长大，那么成年后就很容易因此受到影响，无法恰当地接受他人的爱意和表达自己的爱意。

一旦妻子感受不到丈夫的爱，过往的经历便会在脑海中被唤醒，长年累月封存在脑海中的与父母相处时缺爱的记忆就会被提取出来，妻子便会一时间分不清自己究竟是身处过去还是现在，回忆与情感混杂交错，一起涌现，不做清算不罢休。

因此，我特意在本书中提到，接受爱和培养爱的第 1

步是：好好爱自己。遗憾的是，无论丈夫多么深爱自己的妻子，都无法轻易消除妻子内心的缺爱感。因此，妻子只能学会自己满足自己。

一旦有了爱的基础，便可以逐步接受爱、给予爱、培养爱，以及让爱持续下去。夫妻之间的美好生活就从这些阶段开始。以建造房屋作喻的话，就像是先打好地基，完成基础工程后，再着手开始建造房屋。

我将在第 2 步中介绍一些方法，帮女性解读男性的特征，从而准确接收丈夫对自己的爱。

第 3 步中讲的是妻子怎样一边实现自己的梦想，一边支持丈夫的事业，并且介绍了能让两人共同进步的有效沟通方法。

何谓结婚？结婚的意义何在？什么是妻子？什么是母亲？养育孩子又意味着什么？这些问题都没有标准答案。正因如此，我们才更应该摆脱过去的牵绊和束缚，去探索自己真正想做的事，以及丈夫真正想做的事。

夫妻是携手共度一生的伙伴，应当在深入沟通中相互了解对方的真实需求，尊重对方的思想观念和生活方式，在相互磨合中找到适合的相处方式。在此过程中，双方互相影响，共同进步，一起构建理想的夫妻关系，即伙伴式的夫妻关系。

想要达到这个目标，需要妻子首先改变想法。妻子改变了，丈夫的想法自然也随之改变，这样才能建立起全新的伙伴式夫妻关系。无论何时，无论你们处在婚姻的哪个阶段，做出改变都不算晚。

从今天起，你也将体验到爱意循环往复的夫妻关系，以及它是如何丰富你的人生、令你回味悠长的。

我们当下正生活在各种价值观不断冲击的时代。尽管如此，人们在婚姻观上却仍旧沿袭着传统的价值观念。身为妻子，身为母亲，身为女性，甚至在养育孩子方面，人们仍受传统的价值观念的影响。

直至今日，这样传统的价值观仍在折磨着日本女性。在美国定居15年之久的我[①]，每次回国，都能切身体会到这一

① 本书原作于2019年出版。——编者注

点。这太令人遗憾了！

那么，我们应该谈论什么，相信什么，以什么为行为规范来适应新时代，并与丈夫构建起伙伴式夫妻关系呢？我希望本书能够给你带来启发。

我怀着美好的祝愿编写完成了本书，衷心地祈愿幸福的光芒能够遍及全世界，更愿幸福的接力棒能从此刻开始代代相传。

目 录

前 言　让爱循环

第1步　好好爱自己

你的幸福决定他的幸福　003
那件“倾尽一生也要完成的事”，婚后也别放弃　011
把“你想过怎样的生活”时刻放在心中　015
忠于自我，你会更轻松　018
别让丈夫来定义你该做什么　022
任何时候都不要将就　025
婚后切忌乘上丈夫的人生之船　030

第2步 理解男人，才能理解他的爱

他真的不爱我了吗 041
别用你的标准衡量他的爱 043
如果他给的不是你想要的 047
放弃那些“凭什么”的想法吧 049
与你结婚是他（她）最深的爱意 053
成为他的骄傲，他会更尊重你 057
让他在你的生活中找到存在感 059
做一个有趣的伴侣也很重要 061
绝对的信赖，是对他最大的认可 063
比起孩子，他才是陪你走完一生的人 065
他也许没那么多需求，只是希望你开心就好 070
多数男人是不会察言观色的生物 073
观察他的态度而不是听他说了什么 075
男人也会口是心非 078
男人比你想象中更“玻璃心” 080
想对他发火时，想一想自己的真实需求 083

礼物不合心意？先好好接受吧 087
消除隔阂 4 步法 088

第 3 步 让爱意循环的高效沟通

别再“扮演”好妻子 097
理想的沟通就像杏仁巧克力 100
出现这三种状态时要改变沟通方式 103
高质量对话的诀窍 109
用道歉和夸奖打开他的心 112
掌握提问的技巧，你会听到他的真心话 115
说重要的话，不说无用的话 118
用开玩笑来表达不满 121
当他敢于展现自己的不足时，夫妻感情才能更稳固 123
不妄图改变男人，他可能更容易改变 125
你的人生理想需要他的支持 129

找到彼此目标之间的平衡点 132
当彼此成长的步伐不一致时 133
你改变了，他也会随之改变 137
家庭也是另一种职场 141
越是碰壁，越能得到飞跃成长 146
紧要关头要相信直觉 148
如何投资你们的梦想 150
你负责准备选项，他负责做选择并担负责任 152
工作、育儿和婚姻生活的责任需要你们共同分担 153
如何跨越婚姻倦怠期 162
越是到了成熟期，就越需要制造新鲜感 163

第 1 步

好好爱自己

你的幸福决定他的幸福

我和我先生的婚姻生活从一开始就分隔纽约、东京两地，是少见的异地婚姻。尽管我们需要忍受爱人不在身边的孤独和寂寞感，但只要缔结婚约，就会感到莫大的安心和幸福。

初识我先生那会儿，是我在纽约经营婚恋咨询公司的第二年。那年，经营数据突然间丢失，致使公司陷入倒闭危机，尽管如此，我还是在短时间内奋力摆脱困境，迈出了崭新的一大步。

那时候，他告诉我："体会失败就好比体验过山车，尽管过程曲折，但最终能引领你到达真正要去的地方。”这句话深深触动了我，抱着积极乐观的态度，我努力寻求摆脱困境的方法，使公司逐渐从倒闭危机中解脱出来。越来越多的来访者找我做婚恋咨询，加上电话咨询的，有时一个月要接待多达 150 名来访者。

我在前 20 年的人生中一直旁观着父母支离破碎的婚姻生活，他们三番五次闹离婚，吵得不可开交，还单身的我因此非常抗拒婚姻，一度认为“无论多么温柔体贴的男性，只要一结婚，马上就会变得专断、蛮横。女性既要照顾丈夫和孩子，还要兼顾工作，肩上的担子越来越重，最后筋疲力尽、遍体鳞伤。女性在婚姻和家庭生活中往往处于不利地位”。

尽管如此，我在与我先生相处的过程中，却第一次产生了“如果就是这个人的话，跟他结婚，婚后会幸福吧”的想法，而我会这样想，是因为我先生非常尊重我，也很支持我。

我不禁思考：我能够经营好自己的婚姻吗？怎样才能让我的婚姻不像我父母的婚姻那样糟糕呢？

从那以后，我不再把婚姻生活视作牢笼，为了消除内心的不安，我开始研究男女之间的差异。

经过多年研究，我发现了一个有趣的事实。在此之前，我想请你回答我一个问题：

“你认为你的丈夫在什么时候会感到幸福？”

是在做喜欢的事情的时候？工作顺心的时候？吃美食的时候？挣到外快的时候？还是，能睡个好觉的时候？

其实，正确答案是“妻子感到幸福的时候”。你一定觉得难以置信！好吧，我来稍微解释一下。

有研究结果显示：比起丈夫感到幸福，妻子感到幸福的婚姻更长久，也更幸福美满。

妻子在婚姻中获得满足，会更乐于经营与丈夫的婚姻生活，丈夫的人生将会因此更美满。而且，妻子越是对婚姻生活感到满意，丈夫就越觉得自己的人生很幸福（与自我感受无关）。

上述感想也符合我在美国给男性做心理咨询时得出的结论。我在美国生活十几年，曾为两万多名种族、职业、身份各异的男女做过心理咨询，他们中有：

√ 结过婚，但婚姻不幸福的人；
√ 正处于一段婚姻关系中，但感到烦恼的人；
√ 即将结婚的人。

这些男女无论属于上述哪种情况，都无一例外符合前面的结论。

妻子幸福，丈夫就幸福。这句话是说，比起自己对妻子、对婚姻的看法，丈夫更加重视妻子的想法。

例如，当妻子普遍表现出这样的言语或者态度时：

“我们之间相处得很融洽！”
“跟你结婚真好啊！”
“我现在很幸福！”

此时，无论丈夫自己怎么想，夫妻二人的婚姻幸福指数都会直线上升。我发现这个秘诀之后也曾惊讶地感叹："这样也行吗？！这样的话我也能做到！"仿佛自己捡了个大便宜。

妻子不开心，丈夫也失意

那么，这样的心理又是如何产生的呢？

谈恋爱时，男性在面对眼前这位唯一的挚爱时，会充满信心，认为自己能给她幸福，并下定决心要让她幸福。

正是因为好不容易才下定决心要结婚，男性在成为丈夫后才会在日常生活中非常在意妻子过得是否开心。其实，男性远比我们女性想象的更加心思细腻。

有的女性心存不满时会拉下脸，沉默不语；有的则会摔门，以此来表达不悦。她们希望丈夫有所察觉，内心在说："你还没看出来我不高兴吗？"可惜，这样做反而会适得其反。

哪怕丈夫在职场上得心应手，甚至成就斐然，但一想到不能让自己的妻子幸福，还是会觉得自己作为男人是失败的。

每当丈夫看到妻子不开心，都会下意识地想：“明明我们以前那么甜蜜，怎么她现在跟我在一起不是爱生气，就是哭哭啼啼呢？我还是不要出现在她面前比较好吧？”

如果丈夫每天都面对妻子不悦的神色，时间久了，就会贬低自己身为男性存在的价值，怀疑自己在这段婚姻中是否是个好丈夫，甚至自尊心也会受损，“我连让自己心爱的女人幸福都做不到，我真没用！”

她从来没在我面前露出过
幸福的笑容

我在纽约做婚恋咨询的时候，遇到过一个令我印象十分深刻的案例。一位叫肯的离异男士在提及他与前妻离婚的原因时说道：“她从来没在我面前露出过幸福的笑容。”

不知道为什么，肯的妻子总是一脸不悦，肯每次回到家都感觉心情沉重。渐渐地，肯在家里也摆出一副冷漠的表情。妻子受不了肯的冷漠，控诉道：“我对你这样，完全是你自己咎由自取！全都是你的错！”她露出咄咄逼人的表情，随时准备反驳肯。

肯告诉我，他上了一天班，本来就已经精疲力尽了，回到家看到妻子这种态度，顿时更觉得心力交瘁。

“你要是心情不好，就什么都别做。我只希望你在家能开心点儿。”肯对妻子的这番话说明了一切。

三种言行让男性意志消沉

男性通常看起来雄健有力，但其实他们内心也有温柔体贴的时候。他们想要守护自己心爱的女人，希望与她相守一生，幸福一生。然而，如果妻子经常表现出以下三种言行，就会让丈夫变得萎靡不振，丧失干劲儿。

- √ 常常否定对方。
- √ 总是表露出不开心、不幸福的样子。
- √ 放大不幸，幻想自己是悲剧女主角。

其实，妻子常常意识不到这些言行的后果。她们只是希望丈夫能发觉自己的感受，就好像在问：“你能懂我的感受吗？我真的很孤单！”她们只是希望丈夫能理解自己而已。

相反，如果妻子在丈夫面前总是愉快地哼着歌，丈夫就会觉得“她跟我在一起很幸福”“我让她感到幸福”，从而打心底里肯定自己作为男人存在的价值。

也许妻子愉悦的心情压根儿就与丈夫无关，或许是因为她买到了最喜爱的歌手的演唱会门票，或许是因为她刚买到了想吃很久的美味蛋糕。但不管是什么原因，对丈夫来说，只要妻子跟自己在一起时心情舒畅，他就会感到无比幸福了。这是一个多么简单而又质朴的道理！

与其改变丈夫，不如好好爱自己

每对夫妻都要经历爱情的一次次考验，相互尊敬、彼此依恋后，才能真正把对方装进心中。珍视心爱之人，需要自己为自己的情绪负责。

当然了，有时候妻子心情不好，原因的确在丈夫一方，也许丈夫身上有许多需要改进的地方。但说到底，是否要改进，以及怎么改进，取决于他如何看待这个问题，以及想怎么做。妻子既不能把自己的想法强加给丈夫，也不能束缚丈夫的思想。“改变丈夫”这件事几乎是不可能的。

如果妻子感到幸福，丈夫认为自己实现了之前“让妻子幸福”的心愿，就会感到满足，从而变得动力十足，希望能让妻子过得更幸福。

能否激发丈夫的干劲儿，全在妻子一念之间。想一想自己期盼着的美好未来，你的想法可能会因此改变。因此，获得理想丈夫的第一步是好好满足自己。

只有妻子让自己幸福，夫妻二人才都能幸福。

也许你之前没有意识到这一点，但请你从今天开始，放下顾虑，做那些让自己感到幸福的事吧。因为这是一条让你和丈夫都能通往幸福之旅的捷径！

那件“倾尽一生也要完成的事”，婚后也别放弃

如果你已经结婚，且不受任何限制，你想做些什么呢？

试着常常把自己想做的事和自己的心里话记录下来吧！与婚前不同，婚后或许无法总是随心所欲做自己想做的事，那么我建议你把所有事排个优先级，并畅想一下这些事全都实现后的愉悦心情。

同时，也请你耐心了解丈夫心目中的理想生活，在此基础上，与丈夫一起创造良好的家庭环境。夫妻俩相互扶持，实现各自的愿望，这样的婚姻该多么令人向往！

另外，还有一点也至关重要，夫妻在实现各自梦想的同时，需要一同思考：你们未来的共同目标是什么？你们期待的伙伴关系是什么样的？双方只有想明白上述问题，才能携手解决日常生活中遇到的种种麻烦，在思想和行动上保持一致，从而离理想生活更近一步。

我见过上千对形形色色的夫妻，深刻地感受到：只要你下定决心，没有什么事是实现不了的。我也曾跌入人生低谷，觉得自己无论怎样都过不去这道坎儿。那时，我在纽约经营一家婚恋咨询公司，公司的网络突发故障，导致数据丢失，公司濒临倒闭，只能暂停运营，我背上了3000多万日元的债务。一时间我失去了一切，连公司都无法正常运营了，我又该怎样偿还债务呢？20多岁的我实在承受不了如此巨额的债务，甚至还想过给自己买一份人身意外保险，然后用保险金来偿还债务。

然而，保险公司为防万一，写明了投保人在购买保险后数年内如果自杀，将不予发放保险金的条款。得知这一点后，我更加绝望。心想："难道我连死都不被允许吗？"无奈之下，我只能选择活下去。那一瞬间，我的想法彻底转变，开始思索自己应该如何活下去。

那时的我，面前好像矗立着一堵巨大的"墙"，它又高又厚，令我畏缩不前，大脑一片空白。但是，世上没有无法逾越的障碍。这次经历是对我的磨炼，能让我从中有所领悟，积累到能帮助自己成长的经验。只要细品其中真意，就能找到摆脱困境的方法。

讲述我的这段经历是想让你明白，如果你有倾尽一生也要完成的事，或者有想要徐徐图之的挑战，请你无论如何都不要放弃。

只要你坚定信心，不懈努力，就算遇上再大的困难，也一定能坚持下去。因为比起消极应对，越是积极乐观地面对人生，就越能过得舒心顺意。

妻子真正想做的事，丈夫自然会支持

妻子如果有一些真正想做的事，丈夫自然都会支持。不管是找工作、跳槽、创业，还是旅行、留学、生孩子等，都是如此。

一开始丈夫可能会感到很惊讶，“我从来没听你说过这些”“没想到你会有这种想法”，并表现出不太赞同的样子。这时你可千万别退缩，只需要跟他好好商量。

有些女性在说出真心话遭到反驳后就丧气地想：“唉，果然不行，他不支持我这样做。”这种情况也许是因为我们没有让对方感受到自己的诚意，也许是我们没有做好充分的准备让对方接受自己的想法，甚至选择的时机也不对，对方也许此时正心情不佳。

因此，你可以选择一个好时机，真诚地说出自己的想法。不过，千万不要唠唠叨叨。

如果他说：“我们上次不是说好了吗？”你不妨笑着回他：“我又想了一下，所以打算跟你再说一遍，想让你感受到我这次可是动真格的。”

把“你想过怎样的生活”时刻放在心中

对于那些希望夫妻二人共同成长的女性，我的建议一直是：“无论什么时候，你都要先考虑自己想做什么。”

女性结婚以后要兼顾事业和家庭，每天都被时间追着跑，渐渐不再思索自己想要的生活。有人无暇思考，有人隐隐觉得不能深想，也有人懒得去想。究其原因，无非是觉得自己没什么机会实现愿望，想那些虚无缥缈的事只是徒增悲伤罢了。

可如果持续这种状态的话，感知内心想法的开关就会被关闭，自然而然就不再思索自己到底想要什么了。这样下去，人只会变得越来越麻木。

乍看之下，不去思考是一件很省心的事。但是我敢断言，关上自我感知的开关，你将很难让自己满足。因此，我建议所有女性婚后也要适时地调整自我，就像操作可调节亮度的开关那样，找回自由支配的感觉，而不是直接关上开关。

请你时常问问自己："我到底想做什么？我该怎样实现这个愿望？"这些问题既能帮你挖掘出自己内心深处的想法，也能提醒你时刻爱惜自己。记住，一旦关上自我感知的开关，你将会逐渐迷失自我。

安排日程时优先考虑自己的计划

许多向我咨询婚恋问题的女性告诉我，她们每天都很忙碌，常常将自己的事情放到最后做。这类女性数量之庞大，令我瞠目结舌！而且，越是个性严肃古板的女性，越有这种倾向。

我建议这些来访者改变事情的优先级，优先考虑自己的计划。率先思考自己的计划如何实现，然后再将丈夫和孩子的日程纳入自己的计划。我总是对她们说，想要改变就要干脆利落点儿才行。

一旦明确了自己想做的事，就会在内心排出优先级："这件事是我想做的。那件事可以暂且放到一边。"如果这也想做，那也不放手，往往会一无所获。而定好优先级，才能做好真正想做的事。

做好最应该优先做的事，还会让你更加珍惜丈夫，感激他的包容与支持，这份感激之心也会让你反过来更加包容丈夫。你不会觉得这是强加在自己身上的义务，而是从心底自然而然地涌出“想要为他做些什么”的心情，这样互相扶持与珍惜的心理能帮你们迎来皆大欢喜的结局。

每天 5 分钟，倾听自己的心声

有人可能会说：“我从未倾听过自己的心声……”这没关系，因为每个人都有心声，只是有人不擅长倾听而已，这与个人成长环境有关。

例如，有一种人深受原生家庭的影响，认为自己有责任保护母亲，所以为了让母亲过得更幸福，成长过程中一直都在不断妥协。对这种人而言，关上开关，不去听从自己的心声，是理所应当的事。即便他一时想改变，也很难迈出艰难的第一步，甚至还有很多人将听从自己的心声与任性妄为画等号。

对此我的建议是：每天抽出一定的时间，听听自己的真实想法。5 分钟也好，10 分钟也罢。试着与自己的心对话，和自我建立联结。

即使你脑中依然被丈夫与孩子的事占据，也不要独自消化，好好与丈夫沟通一下吧！这也许能帮你迈出第一步。你可以像下面这样开始与丈夫沟通：“我最近在思考一件事。无论如何我都很想做好这件事。但是我每天都很忙，忙到始终没有时间去做。我究竟该怎么办才好呢？”

一开始，丈夫的反应可能会很冷淡。不要因此退缩，坚持下去，他就会开始认真对待这件事。请一定相信男性的包容心。当你怀揣着对丈夫的信任去沟通时，事情便会很好推进。

忠于自我，你会更轻松

身为妻子，为了满足自我，还需要挖掘自身价值，并展现出来。

婚前，你是否曾经为了让他爱上你而做出努力？请你仔细回想一下，你的这种努力是否是为了迎合丈夫心中对理想伴侣的想象，满足世人眼中理想的妻子、母亲的形象？例如，你明明不爱做饭，却装作喜欢且擅长的样子；你明明有自己的意志、看法和喜好，却丝毫不表现出来，而是迎合对方的想法；比起穿自己喜欢的衣服，你更倾向于穿受男性青睐的衣服；等等。无论是外表还是内在，你是否都在迎合外界？实际上，有不少女性只是因为深受对方喜欢就与对方草率结婚了。

可是结了婚并不会改变什么，婚后你依然有自己讨厌的东西，讨厌做的事情。

即使婚后勉强自己去做不喜欢的事，穿上厚重的铠甲，努力维持现状，又能怎么样呢？因为每天都在做不想做的事情，你的内心每天都在呼救，烦躁的心情和不满的情绪不断累积，令你深陷抑郁的泥潭不可自拔。啊，光是想象那样的日子，你都会觉得很不幸！

妻子如果无视自己的感受，夫妻关系将会越来越糟糕。

当你改变表达方式，缺点也能变成魅力点

无论你是未婚还是已婚，我相信下面的建议都将对你有所裨益。

这个建议就是“挖掘自我特性”。自我特性是世界上独一无二的“我”的价值。只要一想到自己是世界上绝无仅有的，就会感觉一切都变得不一样了，难道不是吗？

在你身上，既有令人喜欢的地方，也有令人讨厌的地方。我希望你先不要去评判好与坏，而是先去挖掘真实的自我，不要依靠别人去发现。

大部分男性往往对外界信息照单全收。比如，妻子向丈夫抱怨自己的屁股很大，丈夫会想：“哦！原来我老婆的屁股很大啊！”但是，如果妻子在丈夫面前说自己的屁股既丰满又有弹性，透着健康美，丈夫就会想：“我老婆屁股丰满有弹性，她的确拥有一个完美的屁股！”如此一来，妻子的大屁股便成了丈夫眼中的“香饽饽”。

“我在这方面很厉害！”“我这里很可爱哟！”捕捉事物的积极方面，让对方了解到自己的价值是一件非常重要的事情。

妻子束手无策时，正是丈夫大显身手的时候

女性会对自身某处感到不满意，认为自己不够完美。但

其实人们从对方身上感受到的魅力或吸引力，不是来自对方身上“完美的地方”，而是“只在自己面前展现的本质特性”。

也就是说，自己认为不满意的地方，对对方而言正是魅力所在。

如果女性身上不完美的地方在男性眼里是缺点，那么当妻子坦然暴露自己的缺点，丈夫自然也会大方展现他的缺点。因此，请你试着在纸上写下对自己满意和不满意的地方，换个角度看待，认识到无论是满意还是不满意，这些都是自我特性。

你可以多向丈夫抱怨那些自己不擅长做的事情，比如对他说：“到你出场了！快大显身手吧！”而丈夫也会因为帮了妻子而感到快乐，会觉得对家庭、妻子而言，自己更重要了。

从现在开始，请你不要总是寄希望于对方来挖掘自己的价值，而是试着主动向对方表达自己的想法！对方如何看待你，全在于你如何在他面前展现自我。

无论是男性还是女性，都各自对婚姻抱有自己的看法。

但是，实际情况未必会完全如你所愿。为此，请一定向对方展示出自己真实的模样吧！

别让丈夫来定义你该做什么

除了展现自我，你还需要逐步改变丈夫原有的价值观念，让他不再认为妻子理应如何。这是因为，对于如何看待女性应承担的角色，大多数男性既不会为了迎合当今时代的价值观而改变原有想法，也不会为了适应妻子而去改变自己。

例如，如果他的母亲是全职主妇，将家务和孩子都料理得井井有条。他在那样的家庭环境中长大，形成的价值观往往是妻子理应全力负担家务，尽到一个妻子和母亲该有的职责。

在这种情况下，丈夫一般会很抵触将家务交给家政人员，或让育儿保姆来照看孩子。他会产生某些负面心理，比如，不能接受外人进自己的家门，认为孩子也抗拒被外人照料、容易产生心理压力，担心外人是否值得信赖，等等。我们来看看下面这个案例中的丈夫是如何转变想法的。

不想用育儿嫂的丈夫

每当美咲周末外出工作的时候，她的丈夫便会肩负起照看孩子的重担。但其实，星期六上午，美咲的丈夫还有一些工作要做。有时他也会因为孩子们太吵闹影响自己工作，从而心生不满。美咲提议雇用育儿嫂，她的丈夫又觉得没必要，而且也不习惯外人待在自己家中，因此一直拒绝这个提议。

某一天，美咲问我："弘子老师，如果是你，你会怎么跟你的丈夫提雇育儿嫂的事呢？"我思索了一会儿，如果是我，我大概会这样对他说："老公，有家叫 ××× 的家政公司。我先前在网上看了这家公司的主页，上面写着有福利厚生[①]和地方自治体[②]提供的补贴。一定是因为有越来越多的人在使用这家的服务！而且，每小时最多可以减免 1000 日元！你看啊，你的公司也在客户名单里呢！太棒了！它为妈妈

① 日本企业在工资之外，为劳动者提供生活支援的系统。——译者注

② 有自主管理自己区域内事务的权力，但不会削弱国家政府的主权，相当于中国的地方政府。——译者注

们提供全方位的支持，太贴心了！大公司就是不一样呀！还可以任意挑选育儿嫂（一边看公司主页，一边对已注册的育儿嫂的简历发表评论，在观察丈夫反应的同时，大声朗读客户评价）。我说，要不，咱们也试试？如果不放心就先观察一下育儿嫂与孩子的相处方式，看孩子的适应情况。如果孩子适应良好，我们就雇育儿嫂体验一下如何？我觉得先了解一下也不是什么坏事儿。”

接下来，马上选择星期六上午丈夫在家办公的时候，让育儿嫂上门照看孩子。先让丈夫沉浸在工作中，然后告诫育儿嫂不要打扰丈夫办公，她只需照看好孩子。在这段时间里，妻子也可以做自己想做的事。感受到育儿嫂的作用，夫妻应该都会由衷地感叹：“仿佛在幼儿园独占老师一般，孩子玩得很开心。对孩子来说，这是一次不错的体验。”

消除丈夫的顾虑，让他体会到雇育儿嫂的好处，减少他对育儿嫂的排斥，令他平和地接受这件事。这就是妻子成功扭转丈夫原有价值观念的一个案例。**成功的诀窍是潜移默化地“影响”他，而不是强迫他做出改变。**

成功扭转丈夫观念的另一个案例是关于我自己的。我在婚姻生活中没有把自身价值放在做家务上，而是寻找其他能让自己发光的事情。例如：我是别人无话不谈的密友；无论什么时候我都是值得他人信赖的伙伴；等等。我先生也知晓我拥有这些价值，因此在他的观念里，我可以不做家务，而是将家务交由他人。

就这样，我通过展现自身的新价值改变了我先生的观念。那不是世人口中的身为妻子及母亲的价值，而是一个独立人格的本真价值。当它被我先生所理解和接纳，我的心情也随之畅快，同时也拥有更多独属于自己的时间，我因此生活得越来越自在。看到我精神饱满的状态，我先生发自内心地对我说："看到你这么开心，我也很高兴。"

当你忠于自我，向丈夫展示出真实的你和想做的事之后，他看待你的目光和对待你的方式自然会发生改变。如此相互磨合，你们的夫妻关系便会越发融洽。

任何时候都不要将就

在日常生活中，你是否听到过下面这样的言论？

“与其和喜欢的人结婚，
不如跟适合自己的人结婚更幸福。”
“隐藏自己的真实想法，不发表意见，
不显露好恶，和更喜欢自己的人结婚更幸福。”

部分女性赞同上述言论。她们认为，在婚姻中，女性若是被爱得更多的一方，会过得更幸福；又或者认为，在婚姻中，女性需要做出适当的妥协。

我不知道这些言论究竟是从哪儿冒出来的。但我斗胆猜测，它大概是一种时代遗痕，可追溯到日本明治时代民法中“家制度”对婚姻的阐述。

在明治时代，人们结婚的一大重要目的是开枝散叶、让家族人丁兴旺。在男女尚且年幼时，双方家长或监护人在没有征得二人同意的情况下就为他们订下婚约，这种门当户对的“娃娃亲”在当时十分普遍。

如果爱上不被家族认可的男人（心中排第一位的爱人），即使承受巨大压力也要与他结婚，这样的婚姻远不如与父母为自己精心挑选的门当户对之人（心中排第二位的候选者）结婚更幸福。这是传统的婚恋观念。

我给上千名为婚恋问题烦恼的人做过心理咨询，所以我认为，**夫妻之间如果没有爱情，婚姻一定不会长久。**

话说回来，无论自己是被爱得更多的那个人，还是对方在你心中排名第二位，你都可能会是被动的一方。在这两种情况下结婚，或许婚后你会对丈夫产生某种情感，但绝不会轻易产生爱情。

就算丈夫更喜欢你，你们之间也无法轻易培养出爱情。况且，喜欢是一种脆弱的情感，若不精心呵护，便会消退。

试着用真心去打动对方吧！两个人若是真心倾慕对方，就会超越喜欢的层面，培育出爱情，从而增进彼此的羁绊和信赖。

如何能找到自己生命中那个“对”的人呢？其实挑选伴侣有时与挑选连衣裙是一样的道理。

“其实我更喜欢这条连衣裙，但是它有点儿贵，而且太华丽了，可能没什么机会穿。”这时，你是否会选择另一条容易搭配且更日常的连衣裙呢？如果是我，就算负担不起最想买的连衣裙，也不会去买“平替”。不仅仅是购物，在其他事情上，我也同样秉持不将就的原则。

所以，对于相伴一生的伴侣，应该选择自己心中的第一名，而不是任由他人挑选自己。我希望你能够摒弃将就和草率的心理，不轻易妥协和忍耐，无论何时都能选择自己真心恋慕之人，这会让你拥有更长久的幸福。

摒弃将就心态

当年我在纽约时曾与 4 位好友聚餐。在热烈的气氛中，大家嚷着要点红酒。但由于我们都不胜酒量，所以若是开一瓶红酒的话，肯定会喝不完。日本人心中深深根植着“不允许剩菜”的文化，所以，日本人为了不浪费红酒，点单时都是以杯来计算。但当时我们所在的餐厅，能够以杯为单位来点餐的红酒品牌少之又少。

在我犹豫不决时，友人当即说道：“我们好不容易聚一次，就痛快地喝一场吧！”还有人说：“喝不完也没关系，就点最想喝的牌子吧！”最后，我们点了最想喝的那种红酒，大家喝得热烈又尽兴！直至现在，我仍能清晰记得那段经历给我内心带来的享受。

从那天起，我摒弃了将就的心态。如果总是因为这样或那样的理由委屈自己，心中就会始终欠缺一种满足感和充实感。

然而，怎样才算不将就呢？当一件你很想拥有却价格昂贵的东西和一件你勉强满意但价格实惠的东西同时摆在你面前时，请你索性购买最想要的那个，或者干脆哪个都不买。不将就的意思就是以满足自己的需求为基准来做抉择。

如果你无论何时总是选择排名第二位的，每一次都让自己妥协，长期下去它就会变成你心目中的标准。如果一生中一直都在选择令自己勉强满意的东西，光是想想就很悲哀啊！

将就的心态会传染

“将就”这种心态还会感染周围的人。例如，如果父母总是选择差不多就行的东西，子女也会下意识地做出同样的选择。

而选择“第一名”时心中获得的满足感，是选择“第二名”无法带来的。当你总是选择差不多的东西，你会有一种缺失感，总想找点儿什么来填补空荡荡的内心。

所以请你常常问问自己：“我满足了吗？”希望你在人生的任何时候都能追随本心，选择最想要的那个“第一名”。

婚后切忌乘上丈夫的人生之船

不知为何，有很多女性误以为追求自己想要的生活会不利于自己的婚姻。很多女性对我坦露心声：“我不知道作为妻子该怎样追求自己想要的生活……”“会不会给自己增添许多麻烦？”“现在就够我烦的了，再这样做，生活更糟糕可怎么办！”对一些人来说，“想要什么样的生活”本来就是个难以回答的问题。如果从来没有思考过这个问题，想不出答案也不足为奇。

我们不妨把人生比作船。我们原本各自掌舵自己的人生。你坐在自己的人生之船上，自己掌舵行进。你的丈夫坐在他的人生之船上，同样自己掌舵。你的人生之船有时超越丈夫，有时落后于丈夫，有时与丈夫齐头并进。但是，不知为何，有很多女性结婚后舍弃了自己的人生之船，立刻冲到丈夫的人生之船上。难道结婚就是为了挤在一只船上吗？

设想，你明明拥有属于自己的人生之船，却甘愿舍弃，而你丈夫是自己的船长，决定着自己的航线（生活方式）。虽然你们深爱着对方，但你们的思想、生活方式、人生目标都不一定会始终保持一致，所以当你换乘上他的人生之船，总是遵从他的选择，只会越来越妥协。无论大事小情，都由他来掌控，渐渐地，你会不知道自己究竟为何而活，甚至放弃思考自己究竟想做什么，离幸福越来越远。你会心怀怨恨，将生活的不如意怪罪到丈夫的头上，认为他是一切不满与痛苦的罪魁祸首。最后，你还把内心得不到满足的原因也归咎于丈夫。

幸福的婚姻，应当是各自乘坐自己的人生之船，朝着同一个方向前进。因此，夫妻二人应该彼此不干涉，各自对自己的人生负责，做自己人生之船的掌舵者。这样的生活是我希望女性朋友们都能过上的。

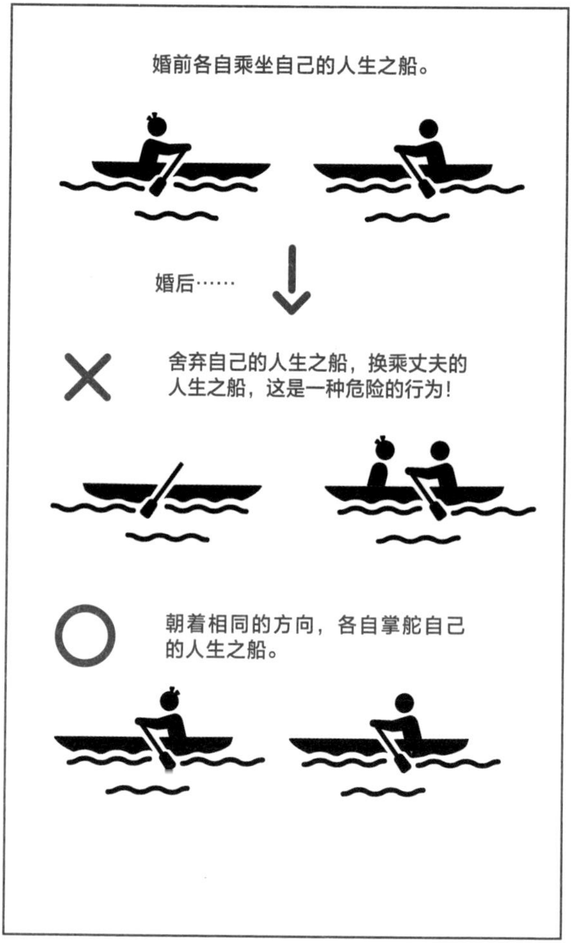
婚前各自乘坐自己的人生之船。
婚后……
舍弃自己的人生之船，换乘丈夫的人生之船，这是一种危险的行为！
朝着相同的方向，各自掌舵自己的人生之船。

妻子自强自立，家人也会被感染

很多女性结婚后会辞掉工作，专心照顾家人。在孩子尚且年幼需要母亲照顾时倒还好，一旦孩子开始上幼儿园，妻子会突然意识到，自己就像是家里的保姆。

现实情况是，很多女性找不到自己存在的意义，亦无法采取行动。即使她们想复出工作，找工作也受到了年龄限制。比起雇用不怎么年轻的、职业空窗期太长的人，用人单位更愿意低薪雇用年轻人。因此，很多妻子因担心自己无法重返社会，只能继续做家庭主妇。

如果你也有这样的困境，我希望你能不假思索地回答下面这两个问题：

“请用一句话来形容你自己。”

“你最喜欢做什么？”

很多女性朋友不曾认真思索自己的生活方式，但是，这绝非因为她们能力有限，只要从现在开始做出改变，一步步地朝着目标前进，就能过上理想的生活。

那些认为自己年纪大就就此放弃改变的人，都是在给自己的人生设限。请你勇敢地去拆除那些无谓的限制吧！

如果妻子有稳定的工作，那么即便丈夫的人生之船再怎么颠簸摇晃，自己的人生之船也能稳定行进，故而不管发生什么事，你都不会害怕。因此，只有妻子临危不乱，丈夫才能冷静地解决问题。

或许这种说法有些不太妥当，但从积极的角度看，若是你们彼此心里不害怕遭遇变故，表明你们两人都有旺盛的生命力。

当你登上自己的人生之船，自强自立、充满活力地生活时，你的家人也会被你感染。你的子女看到你奋发图强的身影后，想必也会暗自效仿。为此，你需要时常思索自己究竟想过怎样的生活，这是一件比你想象中更重要的事情。

尽管如此，你也不必负担过重。只要你忠于自我，令自己开心，让自己全身心地投入即可，你可以去做任何自己感兴趣的事。你的人生会因此而不同。

丈夫很容易受妻子影响

曾有人问我："如果丈夫心存不满，该怎么办？"我在前文说过，只有自己才能满足自己，就算是最亲密的妻子，也无法改变和控制丈夫。

最好的办法是试着理解并接纳丈夫自己选择的生活方式。同时，向他展示让你幸福的生活方式。当丈夫看到妻子满足的样子后，会感慨道："啊，原来还可以这样生活啊！"这将给他带来积极的影响。

看到这儿你可能会深感意外，其实丈夫是很容易受妻子影响的。夫妻是彼此的镜子，你每天生活得适意而满足，对丈夫而言，就是给他营造了一个温馨而安全的港湾，他可能会想："无论我做什么事，我的妻子都不会反对。她总是在我身后默默地支持我、守护我。就算我失败了，她也不会责备我、离开我，她让我感到很安心。"当丈夫明白家就是自己的安全基地时，就能安心在外打拼了。

虽然这需要花点儿时间，但我想经过两三年的经营，你们俩的夫妻关系一定会更加融洽。

都说“男人至死是少年”。在安心感十足的情况下，男性会努力施展抱负，不惧挑战，勇敢前行。真希望这样的少年心性能够被你激发出来！

爱的秘诀

- 妻子让自己幸福 = 夫妻幸福。
- 任何时候都要考虑自己想过怎样的生活。
- 挖掘自己的价值，并展示出来。
- 与其去强行改变丈夫，不如潜移默化地影响他。
- 任何时候都要选择自己最想要的，只有先让自己满足，夫妻关系才会长久。
- 自强自立，按照自己理想的方式去生活。

第 2 步

理解男人，才能理解他的爱

他真的不爱我了吗

在第 1 步中，我讲到了满足自己的重要性。第 2 步将讲到满足自己之后应该做的事情——准确接收丈夫对自己的爱意。

由于男女思维方式不同，明明丈夫很爱妻子，妻子却感知不到，或者感知到了却无法准确接收，夫妻间由此产生误会，这样的案例有很多。

即便丈夫的出发点都是为了表达爱意，但由于妻子接收爱的方式不同，夫妻关系也会发展出完全相反的两种结果。

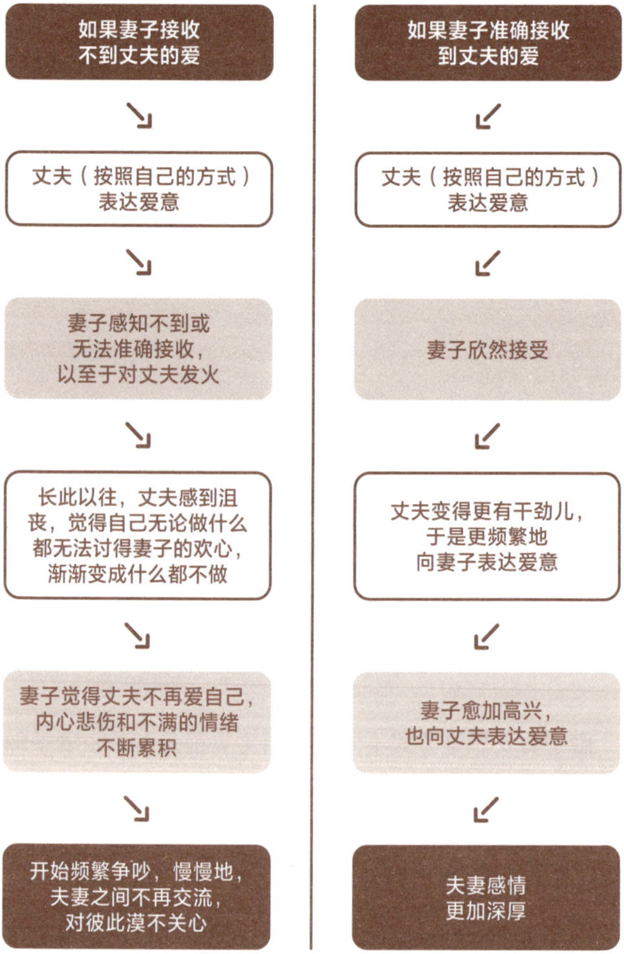
如果妻子接收
不到丈夫的爱
丈夫（按照自己的方式）
表达爱意
妻子感知不到或
无法准确接收，
以至于对丈夫发火
长此以往，丈夫感到沮
丧，觉得自己无论做什么
都无法讨得妻子的欢心，
渐渐变成什么都不做
妻子觉得丈夫不再爱自己，
内心悲伤和不满的情绪
不断累积
开始频繁争吵，慢慢地，
夫妻之间不再交流，
对彼此漠不关心
如果妻子准确接收
到丈夫的爱
丈夫（按照自己的方式）
表达爱意
妻子欣然接受
丈夫变得更有干劲儿，
于是更频繁地
向妻子表达爱意
妻子愈加高兴，
也向丈夫表达爱意
夫妻感情
更加深厚

在第 2 步中，我将教你如何正确解读男性的言行，从而准确捕捉丈夫对自己的爱意。

但在此之前，请你先思考一个问题："你怎样看待男性？"或许，很多女性朋友一直以来都从未认真思考过这个问题。但是，正确认识男性是夫妻婚姻幸福的关键。

因为彼此已经结为夫妻，所以外人常常认定这对夫妻价值观相同、性格相似。如果夫妻能够明白两人本就是两个独立的个体，彼此就会努力理解并尊重对方与自己的差异，享受差异带来的乐趣，耐心应对时常有之的困难。通过反复磨合，夫妻之间的关系将会融洽得多。

在这一章，我将挑选一些要点跟你好好聊一聊。

别用你的标准衡量他的爱

首先，男人和女人表达爱的方式天差地别。

女性通过生活琐事来表达爱，例如会在日常生活中为丈夫做点儿什么。而男性通常会在关键时刻去守护自己的女人，以此来表达爱。

请你回想一下你父母的生活方式。在这个世界上，有各式各样的家庭，但一般都是母亲负责料理家务，父亲负责赚钱养家。可以说，通常照料家庭是母爱的体现，保护家人、养家糊口是父爱的体现。

尽管男性在以他特有的方式表达着爱意，但由于女性关注更多的是家庭的日常琐事，所以在大部分情况下没能觉察到伴侣对自己倾注的巨大爱意。如果你的情况也像我所说的这样，请你首先试着调整一下衡量爱意的标准。

我在婚姻咨询中也曾遇到很多困惑。例如，如何让夫妻理解并调整因彼此性别不同带来的价值标准等方面的差异呢？为了弄清楚这个问题，我开始采访一些夫妻。

“对你来说，什么是最重要的？”“为什么重要？这件重要之事的表层意义和深层意义分别是什么？”在探寻这些问题答案的过程中，我看到了已婚男性与女性的价值观差异。

对于大部分纽约女性而言，她们觉得最重要的分别是爱和家人，而对于大部分纽约男性而言，他们最看重的不是爱和家人，而是工作和金钱，之后则是个人兴趣爱好。

乍看之下，男性和女性对价值观重要性的衡量全然不同。但当我仔细询问后得知，男性之所以最看重工作和金钱，其实是为了让妻子和孩子能过上安定富足的日子，为了让子女接受更好的教育，为了整个家庭的幸福，等等。因此，妻子只有弄清楚丈夫看重工作和金钱背后的深层原因，才可能极大地减少因误会而产生的寂寞、不安和不满等负面情绪。

排在工作和金钱之后的“个人兴趣爱好”之所以也很重要，其实也与家人有关。男性为了保持自己赚钱养家的劲儿头，需要通过发展个人兴趣爱好来调节身心和休养精神。

妻子需要充分理解丈夫的心意，理解丈夫想要守护重要家人的心情，鼓舞他持之以恒、充满干劲儿，再来调整衡量爱意的标准，毕竟婚后美好生活需要夫妻二人携手共创！

从丈夫的言行中感知爱

男性一旦下定决心让挚爱之人幸福，一般都会坚定意志绝不动摇。他们的大脑会日渐清明，明白自己心中最重要的人是谁。

妻子要明白的是：丈夫的爱总是来得突然，又让人难以觉察。如果不去努力感知，也许它就会从指缝间匆匆溜走。

因此，首先请你试着努力接收来自丈夫的爱。当今社会，结婚的价值在年轻人心中日益降低。有人甚至认为结婚并不划算。而自己的丈夫选择跟自己结婚，是因为婚后的幸福感远超婚姻生活带来的负面感受。顺着这个思路思索，你就会渐渐感受到丈夫对你的爱意。

当然，每个人性格不同，有的人勇于直接表达爱意，有的人比较含蓄，因此，我们不能只凭借表象来判断一个人，而应该去探寻他内心深处的真实想法。相信你一定能发现丈夫隐藏着的那颗温柔的真心。

如果他给的不是你想要的

尽管很多男性做起事来不够细致，导致他们表达爱的方式有时并不尽如女性所愿，但为了能让妻子高兴和安心，他们依然乐此不疲。比如，虽然他帮你洗碗，餐具上却残留泡沫；虽然他帮你晾晒衣服，衣服却变得皱巴巴；等等。

对于妻子尝试做的事情，丈夫有时也会发牢骚，甚至打击妻子的自信心。这和亲子关系很相似。父母有时出于爱意会严厉地批评孩子，甚至故意说些违心话。被父母批评、指责的时候，孩子很容易火冒三丈。可是，请你冷静地想一想：父母之所以会说出这些违心的话，归根结底是不是因为爱呢？当然，过度的精神虐待则另当别论。

因此，当两人产生矛盾、关系紧张时，都不应该擅自评判，而应多站在对方的角度想一想："他为什么这么生气呢？""她为什么这么说呢？"站在对方的立场上去思考问题，便能够发现对方内心真实的想法。或许，他只是担忧；或许，他在因你而吃醋。

下面这个案例中的妻子正是因为懂得换位思考，才捕捉到了丈夫发火背后的真实心理。

发火的背后是对妻子的依赖

惠子正在逐步修复她和丈夫之间的关系。最近，夫妻俩决定一起去旅行。可他们万万没想到，原定计划竟出了差错。看了天气预报之后，他们才了解到旅行那天会遭遇台风。

惠子说只能取消旅行，没想到丈夫突然发火："要取消，你去取消！"就在惠子差点儿和以前一样，再次对丈夫感到厌烦之时，她突然想到："为什么丈夫会对取消旅行的事这么生气呢？对他而言，打电话取消预定好的行程会怎么样呢？"

于是，惠子想到，丈夫可能觉得这样做会让他很难为情。假设丈夫没有发火，而是说出真心话，他大概会说："我不擅长打取消旅行的电话。你能帮我打这个电话吗？"可是，男人不会说出这种示弱的话，这会让他们觉得自己很没用。

丈夫并不是因为不爱自己才发火。惠子了解到丈夫发火背后的真实心情后，对丈夫说："好吧，我知道了。那我来打这个电话。新旅行计划可以请你来制订吗？”

听到妻子的这些话，丈夫也爽快地说：“知道了！”后来，惠子经常观察丈夫，并逐渐理解、接受了之前丈夫做的那些让自己忍不住想发火的事情，也开始包容丈夫身上其他笨拙的地方。

迄今为止，她不知错失了丈夫多少笨拙地表达出来的爱！这次，惠子想好好挖掘丈夫对自己的爱，告诉他自己感受到了被爱的满足感。

请你多加搜寻丈夫隐秘的爱，并欣然接受丈夫那些笨拙表达的爱吧。即便是自己自作多情的误会，也会令自己心情愉悦，把它权当一件好事也没什么不可以！这样，你会感到安心，心中也会暖融融的。

放弃那些“凭什么”的想法吧

夫妻关系变冷淡的原因主要有以下两点：对方对自己漠不关心；对方把自己做的事情都视作理所当然。

一开始往往是妻子更冷漠。这种漠不关心是分阶段、一步一步形成的。当内心对对方产生了不满情绪时，你就会逐渐厌恶对方。因此，控制第一阶段的不满情绪，不让其在内心膨胀至关重要。

夫妻之间不存在任何理所当然之事。在日常生活中，如果妻子承担了家务和照顾孩子等事，当丈夫主动帮忙做事时，妻子很容易认为对方帮忙是理所应当的，也不会对丈夫心怀感激了。

久而久之，夫妻间为彼此的付出会不知不觉演变成理所当然的事情。尤其是当自己负担过重，感觉自己付出更多的时候，会认为对方为自己付出不仅仅是“理所当然”，更是“本该如此”。

反过来，当妻子牺牲自己的时间来照顾孩子、做家务，却被丈夫认为是理所应当时，妻子当然也会心生反感。

有的妻子会想:“这些事儿都是我在做，他什么都没干！我还要感谢他，凭什么！”即便如此，也请你先看看丈夫为你做的事情，先向他表达感谢之情。妻子若是先改变，丈夫也会随之改变。我们需要明白，这个世界上不存在理所当然的事。当夫妻双方都舍弃“理所当然”的观念，温柔地对待彼此，自然就会萌生体谅对方的心情。

发自内心的感谢会让夫妻关系更融洽

如果你不再执着于“理所当然”的事，再观察丈夫的言行举止，你会看到以前没有留意过的许多事。

如果总是看不见丈夫对你的付出，他可能会真的渐渐停止付出。虽然当下他还在继续表达爱，但因为没有得到你的认可，没有令你欣喜，他会渐渐心灰意冷。

人在步入社会之后，被认可、被接受的体验会急剧减少。因此，如果妻子能留意、认可并接纳丈夫的言行，他会有很大的改变。

即便丈夫中途放弃，变回了老样子，也是很正常的事。此时，不管多么细微的事情，都请你及时发觉丈夫对你的付出，并适时地赞美和感谢他，他一定会越来越乐意为你付出。

下面这个案例中的妻子正是因为看到了丈夫的付出后与对方积极沟通，才消除误会，及时改善了夫妻关系。

不回家的丈夫真的是因为不爱妻子吗

娜娜的丈夫总因工作太忙而不回家，娜娜为此烦恼不已。之后，娜娜通过改变自己的想法，令夫妻关系得以扭转。

娜娜的丈夫不但节假日时常加班，就连平日里也经常晚归，回到家后匆忙淋个澡后假寐一会儿，天刚蒙蒙亮，就又出门去上班。日日皆如此。

一开始，娜娜的注意力都在孩子身上，认为丈夫是个大人，有什么问题都能自己解决，于是渐渐不怎么关心丈夫。丈夫每晚都深夜才归，娜娜每次都被惊醒，日子久了，娜娜变得越来越烦躁。久而久之，娜娜对丈夫总是感到不满："你每天总是很晚才到家，吵得我根本没法好好休息！"

被埋怨的丈夫后来索性临近天亮才回家，冲个澡后就又去上班。夫妻间相处的时间越来越少，彼此心的距离也越来越远，夫妻关系陷入了恶性循环。

娜娜找我帮忙，我建议她站在丈夫的角度想想他为什么总是晚归，并找个机会与丈夫坦诚沟通一番。

娜娜深思了之后也理解了丈夫的辛勤与不易。她后来借机对丈夫说："一直以来你都一心扑在工作上，真是辛苦了。谢谢你为这个家的付出。但是，我很担心你的身体，所以，你以后可以早点儿回家吗？我很抱歉之前埋怨你。”

丈夫说：“我也很抱歉在你睡得正香时吵到你。之前我是想，反正要加班到深夜才能回家，何不等天亮再回来呢。”

原来丈夫并不是心怀怨气，不想看到妻子才不回家，而是为妻子着想才这样做。从那以后，娜娜的丈夫在工作不怎么忙碌时都会尽早回家。

不久前，娜娜对她的丈夫说希望能多些夫妻相处的时间，丈夫特意为此制订了旅行计划，娜娜开心极了。

其实这样的误解是夫妻间常有的事儿。但如果夫妻双方不进行一场推心置腹的交流，误会就很难消除。所以，当夫妻间产生芥蒂时，一定要开诚布公地谈一谈！

与你结婚是他（她）最深的爱意

一位男性来访者曾说过一句令我印象深刻的话。他说：

"谈恋爱的话，无论是谁都无所谓。"

对大部分男性而言，谈恋爱，开心是最重要的。他们一开始就没有想过要跟恋爱对象长久地在一起，比起内在，他们更在意对方的外表。貌似很多人都抱着这样的想法，只要对方的整体外貌在自己的审美范围内，就可以谈恋爱。

但是，一涉及结婚，事情就变得完全不一样了，男性更看重女性的内在，外貌达到及格线就够了。恋爱时主要追求开心，而结婚时追求的事物一下子就增多了。

"她能跟自己长久地生活在一起吗？"
"她会是个好母亲吗？"
"她是否拥有健康的生活习惯？"
"她在关键时刻是否能扛事儿？"

大部分人理想的结婚对象是身心健康、自信自立的另一半。所以，请你对自己充满自信，毕竟，你通过了对方的精挑细选才成为他的伴侣，而你也同样选择了他。

在此基础上，要想让婚姻生活保鲜，你需要了解自身价值，然后磨砺自己的内在。我在第 1 步中说过，重要的是挖掘、磨砺自身内在的独有价值，除此之外，别无他法。

男性对于结婚这件事抱着相当大的决心

一般而言，男性都会言出必行。他们一旦下定决心做某件事情，便会采取行动，中途绝不轻易放弃！这大概是因为，大多数男性从小接受的教育是“男人不能斤斤计较”“男儿有泪不轻弹”“男人要争气”。

比起男性来，女性心中的想法更容易变幻无常。俗话说：“女人心，海底针。”受当下情绪和境况的影响，女性口中说的和心中想的往往都反复无常。她们在面对困难时，容易左右为难、踌躇良久，最终选择放弃。

我无意比较孰优孰劣，只是想说明男女间的这点差异同样也体现在了婚恋观上。

面对结婚这件事，男性与女性所持的想法不同。男性几乎不给自己留后路，例如，他不会想：“实在不行就回老家。”或者“不顺利的话，就分手吧！”相较而言，他们更倾向于与爱妻白头到老。**为了维持婚姻，坚持到最后的多为男性。**

日常生活中，我们有时会看到夫妻中妻子一方更为强势。在旁人看来或许有些不可思议，夫妻在维系婚姻的过程中，丈夫比妻子更能忍耐。这也是我为多位男性朋友做过咨询后得出的结论。这样的丈夫即便总因被妻子挑错和否定而深感自尊受损，但为了让妻子心情好起来，仍旧独自吞下内心的苦楚，等待妻子认识到自己的问题并做出改变。

正因为男性一旦结婚便不会再轻易离婚，所以在他们决定结婚时就已经抱有相当大的决心。毕竟，对于男性来说，结婚意味着将要背负对方的人生，以及承担随之而来的各种风险。

女性同样对婚姻抱有巨大的决心

与过去相比，如今的婚恋市场不再严格限定女性年龄，无论什么年龄阶段的女性都可以自由地恋爱、结婚。在这样的情况下，结婚对于一名女性而言是一个更加重大的决定。

当你了解到喜欢的男性心中对与你结为夫妻的决心或信念后，自然会萌生幸福感："茫茫人海，结为夫妻实属不易，我想与他白头到老。"女性同样也对婚姻抱有极大的决心。

成为他的骄傲，他会更尊重你

当丈夫看到自己的妻子通过努力工作为社会做贡献，也会发自内心地尊敬妻子。当他觉得：“我老婆好厉害啊！”同时也会觉得：“能找到这么优秀的老婆，我也好厉害啊！”

我会经常将来访者写给我的感谢信分享给我先生看。我会向他耐心解释来访者的烦恼和需要解决的问题是怎样的，解决问题的关键是什么，与此同时，我会采取怎样的干预方法。我先生是律师，在工作中经常接触离婚案件，听到我说的案例，他也非常受启发。①

我和我先生在兴趣爱好方面也能够互补，能给对方带来新鲜感。比如，我先生非常热爱打高尔夫球，我却是个门外汉。不过，我能看懂高尔夫球的数字，因此我可以和他一起看，并分享喜悦。我先生会把自己挥击球杆的画面录下来反复观摩，我则会好奇地凑过去旁观，问他在看些什么，我们两人都乐在其中。

---

① 此处的分享应在心理咨询伦理的范畴之内，遵循为来访者保密原则。——编者注

就算夫妻二人各自沉浸在自己感兴趣的领域，但只要彼此都感兴趣，就足以给双方都带来激情。

妻子值得骄傲，将唤醒丈夫更强的自尊心

虽然女性通常会钟情于令自己仰慕的对象，但其实自己是否令对方骄傲，于漫长的婚姻生活而言，更加重要。

妻子受到丈夫的尊敬，良好的夫妻关系才能得以长久维持。因为如果妻子对自己所做的事情感受不到价值，就会对自己逐渐丧失信心，就会觉得丈夫的地位高于自己。这样一来，夫妻间的平衡关系就会被打破。

通过与无数男性来访者聊天，我切身感受到，男性会下意识地想要尊敬对方。男性和令自己仰慕的妻子在一起时，心情会更愉悦。就像我在前面所说的那样，拥有值得为之骄傲的妻子等同于肯定自身价值。也就是说，如果妻子在社会中被人尊敬，丈夫也会倍感荣幸。

我想，对女性而言也是如此。相互敬慕是夫妻间永葆亲密关系的关键。两个人彼此尊敬，互帮互助，共同进步，最终必将产生好的结果。

让他在你的生活中找到存在感

大多数丈夫都会希望自己的妻子能够时常对自己说些任性的话，向自己撒娇，依赖自己。然而现实情况却是，很多女性会不自觉地跟丈夫较劲儿，认为不能随意对丈夫任性撒娇，或者认为这是认输的表现。

我经常接触到这样的个案：妻子认为自己能够解决一切困难，经常独自采取行动，从不与自己的丈夫商量，把丈夫臆想为不值得依靠之人。殊不知这会令丈夫十分落寞。

无论是换工作还是购物，让丈夫也参与进来

例如，你对自己现在从事的工作感到倦怠，暗自想："我要不要换工作呢？但是这个时候换不太好。"你转念想道："这时候换工作可能不是个明智的决定，不知道他会怎么想？好麻烦啊！哎呀，不管了，总之，现在还不能辞职！"如果你像这样得出结论，请在心中亮起黄灯！当你迷茫无助的时候，不如问问丈夫的意见："如果是你，你会怎么做呢？"一般情况下，男性会很乐于给你提供建议和解决方案。

你是否尝试过让你的丈夫给你提建议，而不只是默默地听你说呢？其实，大部分男性很擅长解决问题。即便只是为了打开思路，也请你积极地向男性提问吧！

不仅是换工作，购物时也可以听听丈夫的建议。如果遇到心仪的物品，要记得告诉他。最终是否购买则要综合家庭的经济情况后，由他来做决定。如果决定要买下，请你不要吝啬你的笑容，要让他感受到你的喜悦。

对丈夫而言，妻子感到喜悦，赞同自己的决定，是最开心的事。丈夫原本因昂贵的价格而暗自心痛，但如果能借机换来妻子的好心情，也会觉得一切都值得。

换句话说，丈夫其实想更多地参与妻子的生活。因此，你要多制造机会，让丈夫更多地参与到你正在做的事情当中。

或许有人会认为，如果没有采纳丈夫的意见，会让丈夫失望，但如果你向他表示感谢，表明他的意见对自己很有帮助，他以后也会不厌其烦地继续给你提建议。如果妻子因为不好意思开口或者觉得麻烦，遇到困难不想求助丈夫，丈夫就会觉得无论自己说什么都是徒劳的，从而面对妻子日渐缄默。

可以尽情提出请求

你可以时常对你的丈夫提出请求，例如想去旅行，或者想让对方为自己买点儿什么。

就算丈夫不能马上满足自己的愿望，让他知道你想去旅行的心情也是好的，或许日后某一天他就帮你愿望成真了呢！

千万别丧气地认为“我就算说出来，他也不会那样做”，而是应该主动大胆地向丈夫吐露你的真心。

做一个有趣的伴侣也很重要

女性还经常陷入另一个误区：认为夫妻只要治愈彼此就可以了。

当你的丈夫对你说：“跟你在一起，我很舒服。”你一定会感到很开心吧！但其实，男性不仅渴望治愈，他们还渴望激情。他们会因为无聊而心生厌倦，这就是大部分男性的心理。

聊聊妻子工作的事情也能焕发激情

也许你会觉得总是保持激情有点儿难办，但简单来讲，**只要更多地展现出自己的多面性，就足以调动对方的激情**了。因为这能让对方体验多样人生。

例如，丈夫是每天到公司坐班的工程师，而妻子则是手工艺术家，每天在家完成自己的作品。丈夫通过妻子的工作，就能了解到那片他全然未知的领域，这何尝不是一种激情呢？！

如果你做的是全职的工作，你可以将职场中的奇闻趣事讲给丈夫听。

即使你是全职妈妈，你也可以分享自己的见闻，诸如："今天，车站前卖炸猪排的店排了好长的队！好像是因为昨天上电视了。"再如："我今天在公交车上跟邻座的人聊天，意外发现他跟你是同行呢！"聊一些丈夫可能感兴趣的事情也能激发他的热情。

绝对的信赖，是对他最大的认可

如果男性能够从女性对待自己的举动中感知到自己很重要，自己的存在很有必要，他就会感觉到自我价值的提升，于是变得更加自信。女性亦是如此。

我曾以“提升自我形象”为主题，做过几次讲座，台下听我讲座的学员中，有很多女性朋友明明在事业上是个雷厉风行的女强人，但一涉及爱情和婚姻，自信心就屡屡受挫。

从工作中获得自信和因被爱而获得自信是两回事

无论男女，过于埋头工作的人，很可能是因为与父母的依恋关系出了问题。

例如：有人觉得父母对自己漠不关心，父母需要同时照顾多个子女、忙工作、忙着维护夫妻关系，总是一副忙得不可开交的样子；有人认为父母对自己过分干涉；有的父母爱操心，总是为子女一手包办所有事；有的父母不放心让子女放手一试，对其多加管制；有的父母早逝或者家庭关系破裂；等等。与父母的关系存在以上问题的人，很容易一心扑在工作上，变成“工作狂”。这是因为工作能让人专注于某件事，从而短暂逃离精神上的失落感。

或许你会认为：“努力工作不是挺好的嘛！”在这种情况下，工作虽然进展顺利，但一旦与某人建立起亲密关系，一系列问题便会随之涌现。比如，出现严重的心理创伤，从根本上缺乏被爱的自信，等等。于是，成年后他们很难顺利建立良好的亲密关系。

从工作中获取的自信，与因被爱而获得的自信是完全不同的。

女性比男性更擅长表达感情。男性从小就被教导“男人不能示弱”“男儿有泪不轻弹”。他们即使感知到负面情绪，也不会用语言来表达，甚至觉得难以启齿。因为这事关男人的尊严，男性希望自己看起来永远都那么坚强。

因此，妻子只要给予丈夫充分的信任即可，坚定地认为“他一定能行”。你无须给你的丈夫任何建议，你只需相信他，并守护着他。无论是事业有成，还是表现平平，如果丈夫都能感受到妻子对自己的接纳，那么他不仅胸怀会变得更宽广，自己的事业也会腾飞。当丈夫明白，妻子不会背叛自己、不会逃离时，便会感到安心。

只是有一点需要注意：**即使你无条件地信任他，也不要过分关照他。**毕竟，你不是他的母亲。

比起孩子，他才是陪你走完一生的人

很多女性朋友在生了孩子之后，凡事都将孩子放在首位。我非常理解母亲的这种本能。只是，虽然全心全意爱孩子是件好事，却会令夫妻关系岌岌可危。无论家里有多少孩子，都请你将自己的丈夫放在心中最重要的位置！

因为，你人生中最重要的伙伴是你的丈夫。

孩子出生后，夫妻间便不再是二人世界了。但是，跟孩子一起生活的时间最长也不过二十几年。当孩子独立之后，陪伴你走完一生的仍然是你的丈夫。

请你试着想象一下。在孩子大学毕业之前的大约 22 年的时光中，你都将孩子放在心中首位。直到某一天，你们的孩子离开家独自生活。从那一刻开始，你能马上将生活的重心转移到丈夫身上吗？我想你大概会觉得：“都这个时候了，凑合过得了！”你对你的丈夫持这种态度，他对你亦然。这样下去你们的关系必然会越来越疏远。

不想跟妻子去高档餐厅的丈夫

有些男性抱怨说不想跟妻子去高档餐厅就餐。当我问及原因时，他们说：“与妻子面对面坐两个多小时，我实在不知道该说些什么好。”或者“我不太想跟妻子一起去氛围这么好的地方。”抑或是“我很纠结是否应该带妻子去这么昂贵的地方吃饭。”

这是否意味着在丈夫心里妻子不值得被带去高档餐厅呢？

也许你该思考的是丈夫为什么会有这样的想法，或许是因为丈夫平日遭到了妻子的冷淡对待，妻子平时总是忽视丈夫的感受，丈夫也自然不重视妻子了。

请不要忘记珍视心爱之人，这是夫妻关系中最基本的一点。即便有了孩子，夫妻之间也要一如既往地爱护彼此。

重视亲子时光的质量

我刚有孩子时，正好是我工作繁忙、打拼事业之际。到底该如何养育孩子呢？这个问题曾令我和我先生万分苦恼。

古代民间流传一句谚语，叫作“三岁看大，七岁看老”。过去的社会环境比现在更为保守，那时的人们认为把孩子交给他人照看是不对的。但现实迫使我们只能将孩子交由他人照料。当年的我因此而烦恼不已，还反复质疑自己是不是一个称职的母亲？我是不是不应该在这时候拼事业？

我还常听人说一些养育孩子的经验，例如：“不能总抱孩子，孩子会养成喜欢被抱的习惯。”“母乳对孩子的成长更好。”……可是，越是听多了这种话，当面对与想象截然不同的现实时，就越是难以抉择，从而让我深陷苦痛不能自拔。

那时，我正巧遇上一位妇产科医生，于是向她诉说了我的烦恼，我从她那里了解到：建立一段稳定、安全的依恋关系非常重要。新生儿基本上在出生后 6 个月到两岁之间会对母亲产生依恋之情。一旦产生依恋，孩子便会对母亲感到安心，愿意接受母亲的照顾，产生信赖感和羁绊，并坚信母亲一定会守护着自己。

良好的亲子相处模式对于建立安全的依恋关系十分重要。如果多子女家庭的母亲对孩子不能一视同仁，孩子就难以对母亲产生依恋之情，并在成年后处理人际关系时力不从心，甚至未来在社会上难以生存。

听了这位医生的建议后，我恶补了相关知识，阅读了许多与依恋相关的书籍，并参加了相关的研讨会。

“重要的不是亲子时光的长短，而是亲子时光的质量，要进行心与心的交流。”

按照上述方法，我的孩子拥有不同的个性，我们之间的亲子关系也十分融洽。

虽然现在我的女儿远在国外念大学，但我们时常觉得彼此近在咫尺。她有什么事都会跟我商量，也很清楚我一定能够帮助她，所以在国外过得很安心。

而我的儿子每当做重要决定的时候，都会征求我的意见。其实过去的我们关系并没有如此融洽。我总是以传统教育的标准劝导儿子，诸如“小升初考试一定要全力以赴”“去这所学校对你的将来更有益”，这让我们之间的关系一度十分紧张。后来，我索性放手，让他自己做决定。当我开始试着尊重他的意见时，我们之间的沟通就变得越发顺畅。

通过上述方式与孩子建立起联结，并让他们体会到爸爸妈妈是彼此人生中最重要的伙伴，这对孩子而言也是一件开心的事，能让他们发自内心地感到安心，认为家庭始终是他们温暖的港湾。

当孩子看到父母在自己面前和谐的亲密关系，会感到十足地安心，并认为自己能来到这个世界上真好。

把丈夫放在首位的方法

话说回来，如何把丈夫放在首位呢？

首先，请你用语言真诚地告诉你的丈夫：“在我心里，你就是最重要的人。”

说这句话时，请注意一定要饱含真情。如果你不好意思直接说出来，可以换一种表述方式。你可以说：“我一直都很爱你。”相信他听到这些话后，会感到十分满足。

其次，你要认真倾听丈夫的内心，了解他的工作和爱好，试着融入他的交际圈，积极参与他的日常生活。然而现实情况是，有很多女性虽然每天都能见到丈夫，却完全不参与丈夫的日常生活，也不与丈夫深入交流，老是摆出一副“没看见我正在照顾孩子吗”的冷漠样子，夫妻关系就变得极为冷淡。

最后，要想夫妻关系和睦，不仅要关心对方，还要体谅和感恩对方。用言行向伴侣表达出“你在我心中是首位”的心情，这一步万万不能省略。也许你会羞于表达这些，但效果绝对显著。所以，请你挑战一下自我吧！

他也许没那么多需求，只是希望你开心就好

丈夫对妻子的要求其实并不多。就像我在第 1 步中说的，丈夫只希望妻子能开心。

有很多女性总是自我臆想丈夫的需求，做一些自认为妻

子应该做的事情，实际上只需要在丈夫需要你帮助的时候尽你所能就可以了。对于丈夫提出的要求，能做到的就去做，无法做到的就向他表示歉意，并表明自己做不到。凡事要有自己的主见，敢于说“不”是十分重要的。

如果丈夫没有向你提出任何要求，而你却自作主张，这只会令他厌烦。

只有你发自内心地感到开心，你的丈夫才会无欲无求。但如果你不开心，你的丈夫大概会对你说“你明明只要多 ××× 就好了”或者“你不该操心这么多事儿”，抑或是“若是有想做的事情，尽管去做好了”。就算他嘴上不说，心里也一定会这样想。

将“不得不做的事情”清零

比起希望妻子为自己做些什么，丈夫更希望妻子为了她自己的幸福而做些什么。

然而，很多女性却一厢情愿地按照自认为的“好妻子”和“好母亲”的形象行事，甚至为难自己，导致肩上的担子越来越重，无论怎么努力，都难以减轻。

当人的生活没有一丝喘息的空间时，心灵就会迷失方向，不知道什么才是真正重要的。睡眠不足和巨大的压力会将人推向崩溃的边缘。在很多情况下，有些事明明不做也没关系，但我们经常因未知的畏惧而盲目行动。

去做自己真正想做的事，学会取舍，这是让你坚定做自己的秘诀，也是让你和周围的人都获得幸福的秘诀。

其实对我而言，不存在什么非做不可的事情。我很少在心中暗自决定必须做某事。除公司事务之外，我也很少做行程计划，这是因为在行程本上记下自己接下来的预定行程，让我感觉失去了自由。

因此，除工作上绝对不能错过的预定行程和丈夫、孩子相关的必要行程之外，其余行程我一概不记。这样做的好处是，我总能拥有富余的时光，每当想到空闲时间该做些什么好时，我总会兴奋不已。

要尽可能给自己预留闲暇时光，利用这些时光做一些让自己感到满足的事。

自我感到满足了，才能用愉悦、温柔的态度去对待丈夫。所谓“爱人先爱己”正是如此。因为我们没有牺牲自我，而是尽可能满足自己，所以才能发自内心地温柔待人，且怀着一颗感恩的心笑对生活。融洽的夫妻关系就是在这种积极的心态下培养起来的。

多数男人是不会察言观色的生物

女性虽然嘴上不说，内心却无比希望男性能够敏锐地察觉到自己的想法。不过，遗憾的是，男性最不擅长察言观色了。当女性生气时，大部分男性则毫无头绪，完全想不明白女性到底为什么生气。

女性应对此类问题的方法是将自己的想法明确地告诉对方。不过，为了避免男性误解自己在挑衅从而造成双方之间剑拔弩张的气氛，请不要用责备的口吻。比如，“我就只拜托你一件事，为什么你连这都记不住？”或者“我的生日你都会忘？我还能指望你什么呢？”

丈夫并非是因为不爱妻子了才会忘记这些事，也许是当时有其他要紧的事。男性在日常生活中常常有不只一件与工作相关的优先事项要做，往往是这件事要做、那件事也要做，而他只是不小心将妻子交代的事忘掉了。

在这种情况下，你首先要认识到自己的事情在他的待办事项当中排位靠后。明确这一点后，不用太介意丈夫忘记了你的事，你可以当作第一次交代一样，重新对他说一遍。

你可以说："这件事就拜托你啦！"或者说："猜猜看，今天是什么日子？我们一起出门吧！"再或者说："我好想吃 ××× 啊！如果我们一起去，我会很开心的！"诸如此类。如此一来，他也就不觉得你在责备他了。

"是啊，今天是你的生日，我们一起出门庆祝庆祝吧！"只要丈夫在你生日临近的时候或生日当天回应你，就大功告成了！

也有人问我："即便如此，但我还是非常生气，该怎么办呢？"这时你可以像小孩子闹脾气一样，发个玩笑般的脾气："哎，今天可是对你超级重要的人的生日，你猜那个人是谁呢？你要是敢忘了，后果可比富士山喷发还要严重哟！"

像这样轻松、幽默地表达出自己的想法吧。虽然没有直接说出来，但也表明了自己的心情，发泄出来后你就会感到轻松，而且也不会造成剑拔弩张的局面。我建议你试试这个方法。

每当感到烦躁时，就想想该怎么做才能实现目标

当你感到烦躁时，建议你将目光放到自己想要的结果上来。还是以过生日为例，你想要的结果一定是“真希望他能陪我过生日，我们一起度过这段美好时光”“如果他能够多向我表达他有多爱我就好了”……

但如果中途因为感情用事而吵架，最终就无法享受这些快乐的时光，内心不满的情绪也会越积越多。因此，请你首先想清楚自己想要什么，以及为了达成目标该怎么去做才是最明智的。

观察他的态度而不是听他说了什么

大部分男性朋友不太擅长用语言表达自己的心情。对于

工作，他们会从逻辑上思考该如何做。但是对于感情，就算被女性主动问及“你对我究竟是什么想法”，也一时间回答不上来。这大概是因为他们没有太多这方面的经验。因此，当你问到各种情感问题时，在他们看来就像被盘问一样，往往大脑一片空白，不知该如何作答。

怎样才能搞清楚男性的心理活动呢？男性虽然不懂得用语言来表达自己的心情，但会用态度去表明自己心中所想。那么就多去观察观察男性的态度吧！可是，相当多的女性容易忽略丈夫对自己的付出。因为她们普遍认为丈夫为自己做那些事是理所应当的。

从今天开始，请你仔细观察丈夫的真实想法，相信他的表情一定不会撒谎。

“他正在思考什么问题吧？”

“他心里是否有很多压力呢？”

“他做这件事是为了我吗？”

“他是经过再三思索才决定做这件事的吧？”

当你仔细观察后，你会惊喜地发现其实男性的心理很好懂，因为他都表现在态度上了。例如，被你赞赏时，他会很高兴，笑眯眯的，他那副开心的样子你一定不会错过。

妻子的“看见”能够激励丈夫做出好的改变

让我们先假设一下：假如你希望你的丈夫珍惜与你的婚姻生活，你会怎么做呢？

首先，你要审视丈夫是否把和你的婚姻生活看得很重要。

此时，你需要注意的是，审视时不要自带希望他怎样去做的“滤镜”。你应该把目光聚焦在他身为丈夫、孩子们的父亲，为了这个家庭做了什么上。

比如：他会在晚上你准备睡觉前陪伴孩子玩耍、跟你打声招呼再出门倒垃圾、在你出门时开车捎你一程……每当他做出这些举动时，你可以说：“你真是孩子的好爸爸！”或者“你真的很顾家。”再或者“特意送我一程，谢谢你，老公！”

如果夫妻间能顺畅地交流，彼此就不会轻易感到厌倦。所以我建议你一定要仔细观察丈夫的态度，揣摩他的心理，收到正向反馈后，立即向他表达感谢。时间久了，你就会发现你的丈夫正在朝着你期望的方向改变。

男人也会口是心非

据我所知，许多男性在面对自己喜欢的人时，很喜欢故意唱反调，无法坦诚地表现自我，明明是在为对方着想，却装作一副冷漠的样子。男人的话语尤其如此，明明心里担忧得不得了，嘴上却故作毫不在意；明明想温柔些对你说话，说出的话却刺耳又难听……因此，不能光看男人的表面言行就下定论。

也有不少人对男性存在误解，认为："虽然男人温柔些也挺好的，但是男人嘛，太温柔就没男人味了。"你是否有过这样的经历，当你遇到困难时，你的丈夫不会关心你，反倒先冲你发火。

请反复对他说"我很高兴听你这么说"

我先生总在我感冒或者生病时，莫名地朝我发火："都怪你在刚有点儿要感冒的时候不赶紧吃药！穿这么少出门，不感冒才怪！”

起初，我也会对他的态度大为恼火，后来我才明白，他只是想确保问题不会再次发生，让问题能得到解决。如果不去探知我先生内心的真实想法，只是单纯地理解他话语的表面意思，便很容易误以为“这个人对我一点儿也不温柔”。然而实际上，他是在担心我，而且用行动表达了他的担忧，他为我买了药，还在房间里急得团团转。对此，我只能无奈地感叹道：“虽然你叫我好好休息，但是你在房间里走来走去，搞得我根本就睡不着。”

自从意识到这一点后，每当我先生发火时，我就会打趣道：“你还真是口是心非的典型啊！你明明很担心我，却还对我发火。你这样说我，我好伤心啊！”接着说：“这种时候，你要是能对我温柔些，我会很开心的！”渐渐地，我先生就不生气了。

怎样让丈夫明白如何令你开心、如何令你敞开心扉是件任重道远的事，还需要你好好琢磨一下。

男人比你想象中更“玻璃心”

其实，很多男性比女性自尊心更强，也更玻璃心。

当男女双方吵架时，通常女性比较能言善辩，很难抑制怒气，所以不在嘴皮子上赢过对方绝不罢休。女性也会把发火时说的话若无其事地忘掉，男性却会因此十分受伤。不过，男性比女性更擅长忍耐，但忍耐总有一天会到达极限，最终爆发。

为了避免这一天的到来，你得知道哪些话能说，而哪些话不能说，尤其是下面这些有损男性尊严的话。

否定丈夫的工作

√ “就算你加班到深夜，工资不也没涨吗？”
√ “那又怎样？你不也没升职吗？”
√ “我早就说了，你真没用！”
√ “明明像我这样换个工作就好了。”

你是否曾在气头上说过这样的话？请你绝对绝对不要随意否定丈夫的工作。因为这极有可能同时也否定了他的人格。

嫌弃丈夫不会赚钱

√ “我们家很穷。”

√ “你爸爸只挣这么点钱哟！”

我曾听一位男性友人讲述，他上小学时，他妈妈当着他的面嫌弃他父亲不会赚钱，直到现在，他都无法原谅母亲的这种行为。

如果妻子不尊敬自己的丈夫，孩子便也不会尊敬自己的父亲。等到他们长大成人结婚之后，同样无法尊敬自己的伴侣。请你认真地想一想：让这样的恶性循环代代传承下去真的好吗？而且，还会给周围的人带来不良影响。

抱怨丈夫的外貌

√ “你总是不修边幅。”

√ “我讨厌你身上的汗臭味儿。”

若是妻子总对丈夫说这些话，便会令丈夫的心情坠入谷底。

夸赞别人的丈夫

√ “×× 的丈夫竟然为了她做了 ××× 事呢！”

夸赞别人的丈夫也是禁忌。女性为了让自己的丈夫更有出息，很容易在自己丈夫面前夸赞别人的丈夫。在男性看来，妻子将自己与他人比较，是看不起自己，内心会很受伤。

说丈夫朋友的坏话，贬低丈夫的兴趣爱好

√ “你就是因为总跟这种人混在一起才这么没用！”

√ “你别老是喝酒，能不能做些有意义的事呀！”

说丈夫朋友的坏话，对丈夫的休闲活动指手画脚，都会令其心情沉重。就算丈夫能暂时忍耐妻子的唠叨，但随着不满情绪的累积，心情只会越来越糟糕。

那么，如何赞美男性呢？比起“好帅”一类的夸赞，男性更愿意听到“你怎么什么都知道”或“你好厉害啊”这样的夸奖。尤其要注意，要确保那些善意的褒奖之辞是适用于你正在夸奖的对象的，并且要真诚而具体。

想对他发火时，想一想自己的真实需求

夫妻每天朝夕相处，不可避免地会看到对方身上的缺点。这时你会怎么做呢？比如，你的丈夫不再像恋爱时那样

每到休息日就陪你去逛街。也许无法跟丈夫一起出门的确会使你感到孤单，但你是否太过拘泥于相爱的夫妻在周末就应该要一起出门这一观念呢？

当你怀着“夫妻在周末就应该要一起出门”这种传统的想法，一旦看到丈夫在家懒散的样子，就会情不自禁地想：“又不打算出门，一点儿都不会讨我的欢心！”越想越是窝一肚子火。

如果你符合上述情况，请停下来扪心自问：“我一定要出门才会开心吗？我一定要跟丈夫一起出门才会开心吗？”

即便不和丈夫一起，自己独自出游应该也会很开心。你不能因为丈夫不出门而勉强自己陪着他待在家中，而应当依照自己的意愿，跟丈夫打好招呼后便出门游乐。说不定你这样做，丈夫也能毫无顾虑地独自在家享受一个人的闲暇时光。

如果你的丈夫像一头烦躁的海狮一样在床上翻来滚去，也请你想想为什么他会这么烦躁。或许是工作让他身心俱疲；或许是他想趁着周末好好休息一下。这时，你还会闹着让他带自己出门，徒增大家的不快吗？

不顾及丈夫的情况，自以为是地认为夫妻就应当这样或是那样，反而会令夫妻关系恶化，这就本末倒置了啊！

首先，请你关注自己的真实需求。你想要在哪些事情上获得满足，因为哪些事情上没有获得满足而感到愤怒，你需要探索情绪背后的本质。

当探知到内心的真实想法，你就会发现周末丈夫没陪你一起出门并不是你生气的真正原因。真正原因是你的内心没有获得满足，丈夫的忽视令你心生不满。你内心的真实想法也许是希望他多关注自己，或者希望他能更在意自己。

丈夫和你本就是不一样的两个个体

妻子对丈夫不满的原因还有可能是生活习惯和价值观的差异。

跨国婚姻中经常见到因生活习惯差异导致的夫妻矛盾，如将室外穿的鞋子放在饭桌上或者厨房里；外出归来，将带脚轮的行李箱直接推进家里；等等。至于价值观差异引发夫妻矛盾的例子，更是数不胜数。

我想，两个人在一起生活，不要说跨国婚姻了，哪怕同为一个种族的人也会存在诸多差异。曾有一位女性向我咨询，自己总是嫌弃丈夫肚脐眼儿很脏该怎么办。这位妻子特别讲卫生、爱干净，而她的丈夫却好吃懒做，很不讲究个人卫生。

然而，你的丈夫和你本来就是不一样的两个个体，当你抱着“丈夫与自己本就不一样，如果丈夫能与自己有一点儿相似之处，就已经很幸运了”的想法，你会生活得更幸福。

如果总想着夫妻应该一样，当察觉到不一样时，便会产生愤怒情绪。

假设对方是外星人的话，情况会怎样呢？考虑到居住环境和生活习惯生来迥异，你自然就不会生气了，你会想：“他毕竟是外星人啊，我们不一样也正常。”这样一想，便觉得情有可原了。夫妻间的差异大抵也是如此。

因此，面对肚脐眼儿不卫生的丈夫，你可以对他说：“哎呀，真是不得了！你的肚脐眼儿完全处于封锁状态！我来帮你打败细菌部队吧！”记住，风趣幽默的调侃是帮助你成功解决问题的秘诀。

人都有一个特性，那就是你越是让他做什么，他就越是抗拒做。因此，请求对方时态度诚恳、语言幽默一些，更能获得对方积极的回应。

礼物不合心意？先好好接受吧

到这里，我向你展示了不少男性的特性。即便如此，你可能还是觉得："我的丈夫根本不爱我。他根本不重视我。我跟这个人继续在一起，真的会幸福吗？我是否应该重新找一个能让我幸福的人呢？"

如果你与丈夫之间仍存在隔阂，请你重新审视自己，是否是因为你光顾着追求自己心目中理想的爱？或许只是因为你没有真正地好好关注丈夫，所以，你觉察不到他对你的爱。

切忌不看过程，只看结果

下面我举个具体的例子。你的生日快到了，你希望你的丈夫能送你首饰作为礼物，而他却送了你最新款的家用电器。于是你一点儿也高兴不起来，说道："我才不要这种东西呢！"说完就将礼物扔到一边。

你不知道你的丈夫是怀着怎样的心情，花了多少时间和精力才为你买下这份礼物的，你的这种行为可能践踏了他的一番心意。丈夫认为自己好不容易向妻子表达了爱意，却遭到妻子如此对待，会很容易丧失动力，沮丧地想："我为她做什么都没用，干脆以后什么都不做了。"从此，妻子觉得丈夫不再爱自己，从而让夫妻关系陷入恶性循环。

妻子需要先好好接受爱。接受丈夫对自己的这份心意，并表现出喜悦，下一次生日前再在无意间向丈夫透露："我想跟你一起挑选礼物。"或者"我有一件特别想要的东西。"这会让你的丈夫更想去取悦你，同时也令你的幸福指数越来越高。

下面的方法会让你在即便与丈夫心生间隙时，也能坦然接受他的爱，坚持一周后，夫妻关系很可能会有所改善。

消除隔阂 4 步法

步骤 1：写下你对丈夫的不满

例如，你过生日的时候，希望丈夫送自己首饰，而他却给你买了你并不想要的东西。此时，你的内心活动可能是这样的：

“他完全不懂我！”
“他一点儿都不重视我！”
“他根本不愿意为我花钱！”

请你如实地写下当时的想法，然后进入步骤 2。

步骤 2：确认哪些是你自己的误解，而哪些的确属实

在婚姻生活中，女性普遍比较敏感，遇事容易越想越远，越想越偏离事实，继而活在自己的想象中。因此，请你确认你的丈夫对你的想法和行动是否真的如你所想。

比如，你对丈夫感到不满，认为他不重视你。试问，你和他提过自己想要什么吗？你的丈夫理解你的需求了吗？即便你告诉他自己心仪的东西，但如果他没能准确理解你的意思，也同样无济于事。

你的丈夫为你挑选礼物时，脑海中一定会浮现你的身影。此时，请你试着去想，他在挑选礼物时对你抱有怎样的

情感。这样一来，你自然就能辨别出哪些是你的误解，而哪些是事实了。

步骤 3：写下一直以来丈夫对你的付出

每个人表达爱意的方式不尽相同。你以为的爱的表达方式可能与你的丈夫表达爱的方式大有不同。因此，请你结合丈夫的性格和工作等情况综合考虑，写一写“我的丈夫为我和家庭付出了哪些”，比如：

√ 及时清理家中的垃圾并扔掉。
√ 经常在下班路上采购家庭日常用品。
√ 虽然工作日下班很晚，但周末仍然会陪妻子一起逛街。
……

渐渐地，你将察觉到丈夫在以他自己的方式，通过实际行动向你表达爱意。

步骤 4：感谢丈夫对自己的付出

当你察觉到丈夫在以他特有的方式向你表达爱后，把你的感谢表达出来吧！如果以前你从未向自己的丈夫表达过感谢之情，也许他乍一听到会很惊讶，但没关系，请继续表达你的感谢吧，他内心也一定十分欣喜。

当你经常对丈夫表达感谢，他也会对你越来越温柔。慢慢地，他也会想为你做点儿什么，此时，你可以说出一两个愿望或请求，在丈夫面前表现出如果如愿以偿，自己会很开心的样子。比如：

“谢谢你帮忙扔垃圾，
如果下次你能顺便套个垃圾袋就更好了。”
“谢谢你周末陪我一起出门。
好希望你工作日也能早些回家啊！”

此时需要注意的是你不要表现得过于期待。你只需向丈夫表明自己期望的态度，而他能否为你做到这些，全凭他自己的意愿，你并不强求。

不断累积让丈夫为自己付出的经验，妻子对丈夫的感情也会慢慢加深。

“其实他也很温柔嘛。”

“其实他很爱我。我要好好享受他对我的爱。”

长久下去，你会更加直观地感受到丈夫对你的爱意，你的内心愈加满足，接下来，你会开始思索：“我该为他做点儿什么呢？”由此，你和你的丈夫之间就逐渐形成了“丈夫为你付出，你也为丈夫付出”的良性循环。

请你千万不要率先为丈夫付出，然后自以为“我为你付出了这么多，而你却什么事都没有为我去做”，因此而萌生怒气。

爱的秘诀

- [ ] 要明白丈夫与自己是两个不一样的个体。
- [ ] 丈夫一心工作，看似不重视妻子，可能恰恰是在为了让她幸福而努力。
- [ ] 这个世界上不存在什么理所当然。对于丈夫对自己的付出，要表达感谢。
- [ ] 找到能让丈夫对自己引以为傲的地方。
- [ ] 适时地依赖丈夫能促进夫妻间的感情。
- [ ] 不要羞于表现自我，展现出自己的多面性。
- [ ] 不要过分关照丈夫。
- [ ] 别指望丈夫会察觉到自己的需求，直接用语言沟通。

第 3 步

让爱意循环的高效沟通

别再“扮演”好妻子

在第 3 步中，我将讲到妻子借由爱情的强大力量与良好沟通，让丈夫发挥出内在的潜力，继而帮整个家庭攀上更高的山峰。

我将在这一章与你分享很多好方法，指导你通过言语和行动鼓舞丈夫的干劲儿，帮他发挥自身潜力。

要想灵活运用这些方法，重要的是不苛求丈夫、不控制丈夫、不否定丈夫。因为由此产生的负面情绪会侵蚀丈夫的内心，给他带来消极影响。避免这一切的前提是你要先满足自己。

如果你只是因为不想失去丈夫的爱而“扮演”一个好妻子，那我奉劝你尽早放手。

人们容易受到哪些人的言语影响

“好妻子”指的是符合别人心目中理想妻子形象的人。这种人没有把自己的人生放在首位，而是更优先考虑别人的人生，总是亦步亦趋地跟在他人身后。在此，我并不是要讨论这种生活方式的好坏，而是想说一旦变成世人眼中的“好妻子”，就意味着要按照别人的方式去生活，意味着你的人生将充满诸多不确定因素。这将埋没你的自我、剥夺你的发言权和影响力。

那么，人们会受哪些人的言语影响而心生动摇，继而听话并付诸行动呢？

当然是自认为对自己有价值的人。可是，不向丈夫展示真实的自我，丈夫就无从知晓你真正的价值，也就无法完全领略你的魅力。

不要等待被爱，勇敢去爱吧。
不要等待被选择，勇敢去做选择吧。

不要等待被影响，勇敢去影响他人吧。

女性的内核理当如此。

只有自身获得幸福，才能发自内心地支持丈夫。换言之，即便已经结婚了，也要忠于自我。只有展现出自己真实的想法，你才会具备撼动人心的影响力。

请你从现在开始，活出自我，做个不刻意讨好丈夫的新时代贤妻吧！

新时代贤妻准则

√ 表里如一。
√ 有自己的生活重心，严肃且认真。
√ 不轻易受他人影响。
√ 懂得表达自己的见解，敢于说“不”。
√ 对自己充满自信，相信自己。
√ 能够自我放松和解压。
√ 坦率、诚实。
√ 性格温柔、坚忍。

试想：如果你是男性的话，具备上述特质的女性是你的妻子，你会有何感受？你大概会时常保持紧张感，想着要不断提升自己吧！而且，有这样优秀的女性与自己相伴一生，真是一件值得感恩的事情。你一定会想：“我要努力，要珍惜她一辈子！”

当男性对女性抱有上述心意、想法和态度时，女性的内心便会得到极大的满足。

我知道，让你马上变成上面所说的新时代贤妻或许会有些困难。但没关系，只要你竭尽所能地一步步改变，夫妻关系就一定能发生质的变化，实现双方力量上的均衡。

理想的沟通就像杏仁巧克力

夫妻双方可以在闲暇时聊一聊对幸福和理想生活的设想，畅想一下期待的美好未来。通过磨合彼此的思维方式和价值观念，了解彼此心目中最重要的事物，双方才能在任何时候都能修正生活的轨道。

对于下面我提出的 8 个问题，请你先独立思考一番，然后分享给你的丈夫，并和他一同讨论。

√ 你住在哪里？
√ 你平常都会做些什么？
√ 对你而言，幸福的意义是什么？
√ 你的伴侣渴望的成功是什么？
√ 对你而言，什么是成功？
√ 如果万事顺遂，你会怎么样？
√ 思考上述问题对你和伴侣的关系会有怎样的影响？
√ 思考上述问题对你的人生有什么意义？

夫妻二人作为彼此的伴侣，应就当下两人的不同立场、未来生活中可能会遇到的困难和内心的恐惧感，以及需要一起解决的问题等进行深入沟通，由此才能共同迈入幸福的未来。

对话是否变成了年轮蛋糕？

美国前副总统阿尔·戈尔（Al Gore）在诺贝尔和平奖

授奖仪式上发表演讲时，曾引用一句源自非洲的格言："如果你想走得快，请独自上路。如果你想走得远，请携伴而行。"

夫妻是世界上最强大的同盟，其中一人无法做到的事，两人组队便能够完成。

那么，携手同行之后极其重要的一件事便是沟通，而且光靠说出来是不够的，得重视说话的"质量"。

你是否曾经在你的丈夫跟你说话时左耳进右耳出，心想："我对这些一点儿也不感兴趣。他还要说多久啊？"你是否有过还没来得及说出心里话，跟丈夫的谈话就结束了的经历？

有时候夫妻二人看似在面对面交谈，交谈的内容却只是流于表面。对话中本该充满对问题本质的探讨，实际却没怎么提及，就好像稀松的年轮蛋糕一样。

注意"碰触"和"感知"的区别。
注意"听到"和"倾听"的区别。
注意"看"和"理解"的区别。

请你明确区分以上三种情况。无论是在养育孩子方面，还是在工作上，高效沟通都是重要的技能。

理想的沟通模式就像杏仁巧克力，不但拥有内核，还有多层外皮。为此，夫妻间必须展开深入对话，相互了解彼此的真实需求。当你与丈夫聊天时，不要让对话沦为年轮蛋糕式的沟通，要像杏仁巧克力那样才行。

出现这三种状态时要改变沟通方式

听了很多夫妻的故事后，我发现沟通不畅的夫妻普遍存在以下几种心理状态（在此主要讨论妻子一方的心理）。

“我不该问他这种事儿吧？”

很多女性从不轻易表露自身情感，也不向丈夫提出疑问，总是采取应付的态度。例如，当丈夫对你说：“最近有一场考试，关系到我的升职，我正犹豫要不要参加。”你的答复要么是“哦”，要么是“是吗”，又或者“挺好的呀”，回应简短结束，没有下文。

大部分妻子不会问丈夫诸如“你为什么想升职”“你为什么犹豫不决”这些问题。或许她们心中的想法是“你的事情我可不懂！对于这些事儿，我可是不负责任的哟！你说了算”。

可是，难得你的丈夫会征询你的意见，若是你拒绝发表看法的话，未免也太过可惜。这可是促进夫妻间相互理解、加深彼此感情的大好机会。在丈夫无论如何选择都能好好工作的前提下，你可以让他展开来讲讲整件事情，并向他抛出疑问：“你就直说吧！你为什么会犹豫？”就像这样发问，引导出对方的本质问题吧！

“反正他也不听我的，我还是不发表意见比较好！”

如果你总是抱着“反正他也不听我的”这种想法，就会渐渐对外界事物不再好奇，甚至不去思考。

其实，妻子的这种心理可能源自原生家庭的亲子关系。年幼时经常不听父母的话、想做的事总是遭到父母反对的人，往往会变得不愿与人深入沟通。

假如你跟丈夫生活在一起，却不关心他，对他没有感情，从不与他交心，与丈夫保持一定距离。久而久之，你会恐惧夫妻间的深入沟通，甚至想要逃离这种关系。

倘若你不幸就符合上述情况，那也没关系。沟通的方式随时可以改变。请你先从关心对方做起。**关心对方，意味着做好对任何事都听取对方意见的思想准备。**当你有了心理准备，也许就不再那么恐惧与丈夫沟通了，你和丈夫之间就会建立起互相信赖的关系。

信任你眼前的这个男人，并尝试向他表露自己的心迹。如此往复，他就能明白你的心意，变得愿意面对而倾听你的心声。

“听我的就对了。”

这种类型的妻子大多对自身缺乏自信，所以总是不自觉地站在教育丈夫的立场上，显示出自己比丈夫的地位更优越。这种状态的妻子很容易强行向丈夫灌输“自己才是正确的”这一观点，有时还会批评对方，变得咄咄逼人。

其实，妻子发自内心地渴求被认可，希望自己能够获得赞赏。然而，丈夫迟迟没有注意到这一点。于是，妻子不堪忍受，做出了违心的行为。

因此，即便你嘴上胜过了丈夫，但心里仍然不痛快。此时，请你牢记，强加意见既不会让你获得满足，也不会让夫妻关系得以改善，最终你只会一无所获。

若是这种状态持续下去的话，你们的夫妻关系只会越来越差。有的妻子察觉到丈夫明显疏远自己之后，会竭力挽回丈夫的心，希望夫妻关系能够像从前那样融洽。此时，重要的是要意识到自己的心态不对，然后努力让婚姻生活回到正轨。你要想清楚：对自己而言，什么是最重要的；对自己的人生而言，当务之急是要做什么。

如果你足够重视夫妻关系，那么你就不必对改变感到羞耻和恐惧。摒弃这种心理最好的方法是对自己充满信心，然后，在此过程中逐步改变沟通的方式。

比如，你内心渴望丈夫更加认可自己。此时，请你站在丈夫的立场上思索：自己真的不被丈夫认可吗？这是不是自己的主观臆想呢？另外，还有一件重要的事，那就是在必要时，向丈夫确认他的想法。

下面的案例展示了妻子改变自己的态度和做法，丈夫也敞开心扉坦诚交流的高效沟通模式。

不吃便当的丈夫

由美每天都会为丈夫准备便当。可是，她却发现丈夫经常不吃，将便当原封不动地带回家。由美忍无可忍，厉声指责道："你不吃便当的话，早说便是！为什么浪费我的宝贵时间！"可是，说实话，愤怒归愤怒，由美完全不知道具体该做些什么才能解决这个问题。

有一天，由美来听我的讲座，了解到男性的特点和表达爱意的方式。她站在丈夫的立场上换位思考，得出了一个意外的结论。丈夫之所以有时候没吃她做的便当，既不是因为便当不好吃，也不是因为不想吃，更不是存心要让她伤心，而是工作实在太忙了，连吃午饭的时间都没有。

我当即问她："你知道你的丈夫为什么这么拼命工作吗？"由美的泪水顿时夺眶而出，她哽咽地说道："为了我和家人。"由美还回忆起来，丈夫曾在几年前对她说过想建一座属于自家的房子。

自那之后，又过了几日，有一天，丈夫又原封不动地把便当带回了家。由美看到之后，笑着对丈夫说：“便当又剩下了吧？是不是没空吃啊？肚子饿了吧？我现在就去给你做你最喜欢吃的汉堡，大份的哟！”

由美的丈夫听到由美的话后，由衷地向她表达了感谢。

丈夫没有遭到妻子的指责，由此敞开心扉，坦诚地接受了妻子的好意。此时，如果妻子饶有兴致地询问丈夫的工作情况，丈夫很大概率会愿意跟妻子聊聊。妻子在了解情况后，很可能会说：“原来是这样啊。我每天早上辛辛苦苦给你做便当，你却不吃，本来我很受打击，觉得自己的心意被浪费了。但是现在，我明白了你是因为工作太忙，不是故意不吃的，那我就放心多了。”

听到妻子说这些话，由美的丈夫会有何感想呢？我想，他一定会从中吸取教训，从此以后主动向妻子坦白自己的特殊情况，不再让妻子因此而焦躁不安。如此一来，即便妻子没有直接向丈夫提出要求，丈夫也能察觉到，从而主动去满足妻子。

由美终于发现，类似上述的对话将会培养出深厚的夫妻感情。她抓住这种感觉，为了加深夫妻间的信赖和羁绊，时刻提醒自己要与丈夫多沟通。

妻子无法控制丈夫，但可以改变自己。妻子改变自身的沟通方式，便能够重新建立起理想的夫妻关系。究其原因，那是因为深入沟通之后丈夫便能够察觉到妻子心情和态度上的变化，并做出回应。所以，趁现在还不晚，快行动起来吧！

高质量对话的诀窍

那么，如何正确沟通呢？诀窍有以下两点。

第一，沟通时不要不懂装懂。遇到不懂的地方，我希望你不要嫌麻烦，去问他吧。比如，你可以问："这是什么意思？""就是 ×× 的意思吧？"或者说："我很感兴趣，但是我不太懂，你告诉我嘛！"

向丈夫请教，去理解他的真实用意。即使是同一句话，由不同的人说出口，也是建立在不同的事实、不同的记忆、不同的经验基础之上的，尤其有些话语包含多重含义，不问清楚很容易就产生误会。

第二，只要心存疑问，就要提出来。前面我讲到，许多女性即便有疑问也不提出来，宁愿把话“烂”在肚子里。

因为丈夫需要自己组织语言去解答妻子的疑问，这就需要用脑、用心去梳理答案，因此当妻子主动提问时，丈夫也会自然而然地注意到自己的心情和想法：“不知道为什么，一跟她说话，我就知道该怎么做了。”“原来我是这么想的！”

不仅是夫妻之间，无论与谁对话，以上两点都很重要。在家庭当中，妻子在丈夫面前充当着最重要的角色。然而，很多妻子会因为内心顾虑重重而逃避与丈夫深入沟通。

“向丈夫提问自己不懂的事情让我觉得很难堪。”
“事到如今，我实在问不出口。”
“这件事与我无关，我不想管，太麻烦了。”
“我不想干涉丈夫的工作。”
“就算我丈夫让我出主意，我也说不出个所以然来。”

以上都是妻子可能会有的心理活动。但是，我还是建议你如果有想法，不要憋在心里，当然也不需要你将意见强加给对方，你只需表达自己的真实感受就好。

丈夫是问题当事人，妻子则是置身事外的局外人。说不定，你的客观看法对丈夫而言相当宝贵。因此，请你不要认为自己的意见不值一提，你可以自信地说“如果是我，我会这样想”。就算最终无济于事也没关系。我认为，重要的是这个过程中你想为丈夫出谋划策、分担烦恼的心意。

有时也存在下面这种情况。丈夫向妻子征求意见，妻子发表了见解，丈夫却驳斥道：“我不是在问你这个！”

在这种情况下，妻子可以尝试再次参与对话：“难道是我理解错了？那到底是什么？你到底想问什么？”“我该怎么做才能帮到你？”“你犹豫不决的点在哪儿？”还可以问：“你想怎么做呢？”

此外，你一定要对丈夫话语中你认为正确的地方予以赞同。你的这一细微之举，能够给予丈夫极大的勇气。

如果你听了丈夫的话之后，产生“如果是我，我会这样考虑”的想法，也请你委婉地传达给他。

请你不要采用“那样做不行，这样做更好”的这种提意见式的说话方式，而是站在丈夫的立场与他共情，体贴地说："如果我是你的话，我可能会这么做。"这样做会令丈夫更容易接受你的建议。当你认真听丈夫说话时，他一定也能够感受得到，慢慢地也会更愿意认真听你说话。

你是丈夫的头号支持者，是他的盟友，也是最理解他的人。你甚至还扮演着鼓舞丈夫的教练角色：在他心烦意乱的时候陪在他的身边，帮助他恢复平静；在他诸事不顺的时候，帮助他调整心情。

用道歉和夸奖打开他的心

最近，我留意到一个现象，越来越多的人不擅长道歉。有人认为自己没错，非要他人承认自己是对的；也有人认为不是自己的责任，不愿道歉，双方为输赢争论不休。

很多人认为道歉的应当是做错的一方。可是，公说公有理，婆说婆有理，谁都不认为自己有错。大家都一味地想等着别人先道歉，如果对方先向自己道歉，就原谅他。可是有时候先认输的反而是赢家，因为很多事情并没有绝对的是非对错。

还有，夫妻拌嘴时，几乎不存在哪一方百分之百有错。就算大部分的过错在对方，自己也应该承担小部分的过错。如果其中一方能放下高傲的自尊心，不再赌气，主动坦诚地向对方道歉，双方或许就能重修旧好。如果妻子主动向丈夫说“对不起”，丈夫也就能够顺势坦诚地向妻子致歉，反过来亦如此。

彼此心平气和地表达歉意，这样的夫妻关系难道不是很美妙吗？

夸奖能提升丈夫的自尊心、鼓舞丈夫的干劲儿

自尊心强的人往往会主动行动。因为这种人对自己很有信心，觉得自己能够办得到。为了提升丈夫的自尊心，妻子要不时地夸奖和鼓舞丈夫。

当你为丈夫感到担忧时，请不要问：“你真的没事吗？”而是告诉他：“我相信你一定能行！”

你不必叮嘱丈夫：“千万不要忘记哟！”而是说：“我知道你是个言出必行的人。”

你不必劝解丈夫："你最好不要这么做！"而应该肯定他的想法："既然你这么说，我也没意见。"

当男性感知到他人对自己的信赖时，也会全心全意地回应这份信赖。

夫妻相处就好比照镜子，双方会不自觉地成为对方成长之路上的"助力者"，往往又是给对方提意见，又是否定对方。可惜，效果适得其反。

因此，妻子要夸奖丈夫已经做到的表现优异的地方，鼓励他攻克自己不擅长的领域。如果对丈夫不擅长的领域直言无能，他自然会认为自己的妻子一点儿也不懂自己，进而不再对妻子敞开心扉。

丈夫能取得飞跃式进步的前提是向妻子敞开心扉。

说到底，男性普遍认为自己努力工作是为了让家人生活得更好，若非如此，也不会总想着再加一把劲儿。因此，妻子要经常鼓励丈夫。例如，对于工作上的事，若丈夫向妻子抱怨道："领导和同事总是不理解我为什么要这么做。"妻子可以回应："你考虑的事情远超其他人的理解水平，如果你不向他们解释清楚，他们很可能会不理解。”

掌握提问的技巧，你会听到他的真心话

向爱人提问是我现在仍在磨炼的技能，也是我希望所有女性都能够掌握的技能。

擅长提问的女性，大概率都能成为新时代贤妻。甚至，妻子一针见血的提问能引导丈夫下意识地说出真心话，令丈夫愈加离不开她。

想要学会提问，首先是要弄明白自己对什么抱有疑问，然后组织语言说出来。对对方感兴趣，有很多事情想问对方，是学会提问的第一步。像下面这样，一开始顺着感觉来提问就好。

“原来是这样的吗？”
“你为什么这样想？”

之后，我建议你抛出更多问题。在此期间，就算你不再

提问，丈夫也会主动对你说点儿什么。下面，我们来看看香织夫妇的故事。香织正在通过练习提问来引导丈夫思考，进而改善自己与丈夫的关系。

犹豫不决的丈夫

有一天，香织的丈夫的一位下属因家事辞职。于是，公司需要招募新人来接替这位下属的工作。经过一番筛选，最后剩下两名求职者。其中一人不到 35 岁，另一人的年龄则在 45 岁以上。

香织的丈夫为此很是烦恼，不知该录取哪一个才好，于是询问香织的意见。香织觉得不能敷衍作答，她想引导丈夫认识到自己内心的真实想法。

“说真话，你觉得哪个人更合适？”

“我也不知道。”

“比如，你想想看雇用 30 多岁的人的好处与坏处分别是什么？”

“而雇用 40 多岁的人又会怎样？”

“雇用哪个人更亏？”

在香织的不断引导下，丈夫最终选择了那个 40 多岁的人。

> “可是，我没有领导年长女性的经验，说实话，我有点儿担心。”香织的丈夫说道。
>
> “原来他真正在意的是这个啊！”香织有些意外。
>
> “但是，我也比你年长啊，你不是也顺利‘征服’我了吗？对待员工，不能不分青红皂白地训斥或者否定，对待年长女性也是如此，否则只会让她们更别扭，平时要注意这一点，先表扬，再下达指示。”香织的丈夫后来听从了香织这一提议。

采用审问的口吻自然是不行的，你也不需要深思熟虑，单纯地向丈夫抛出疑问就好，诸如“这么做会怎样呢”“这种情况会如何”，你的丈夫自然会向你倾吐他的真实想法。妻子一旦问出丈夫的真实想法，丈夫就知道自己到底想怎么做，问题也就迎刃而解了。

夫妻二人在沟通的过程中能够实现换位思考，也就能够扭转一直以来的固有观念。夫妻间进一步的沟通，既是构建融洽的夫妻关系的契机，也是夫妻二人共同进步的基石。

做到上述这些其实并不难。妻子只需向丈夫抛出疑问，而丈夫再顺着妻子的疑问去思考，或许就能得出令人满意的答案。

说重要的话，不说无用的话

男性在工作不顺时，会极力掩饰内心的负面情绪，不想让妻子过分担忧。这是因为，男性不愿承认自己的失败，不愿示弱，因为这些都关系到他们的颜面。

其实，只要妻子镇定自若，不受当下丈夫颓唐状态的影响，比丈夫本人更相信他在未来能大有作为，向他展现关切之情，就能够令丈夫不逃避现状，直面困境，从而想出解决问题的办法。

如果妻子愿意倾听丈夫讲述职场上那些不能随意对他人倾吐的烦恼，并帮助丈夫卸下心头的重担，丈夫就能发挥出巨大的潜力。当丈夫心里清楚地知晓无论自己是万事顺遂，还是身处逆境，妻子都将和自己共同分担时，就会信心倍增，觉得自己还能继续加油。

只要你能够无条件地相信丈夫一定能行，对丈夫的未来充满信心，认真倾听丈夫说话，明确告诉他你内心的真实想法和建议，就可以了。

然而，现实生活中，不少夫妻会有如下对话：

妻子：“你回来了。”

丈夫：“嗯，我回来了。今天……”

妻子：（打断丈夫说话，抢先说道）“挂好西服外套哟！把袜子放到厕所的脏衣篮里。”

丈夫：（意识到妻子对自己的话没兴趣，于是将想说的话又咽了回去）

妻子：“小爱的考试成绩不怎么样，你能给她辅导一下算术吗？”

丈夫：（默默地去给女儿辅导算术）

以上的夫妻对话不过三个来回，背后却暗藏危机。丈夫虽然出现在对话里，但几乎没说什么话。如果这样持续下去的话，丈夫将不再把妻子当作妻子来爱，在丈夫的眼里，妻子犹如自己的母亲般在对自己下达指令，丈夫自然也就对妻子失去了兴致。

那么，这种情况下夫妻该如何改善沟通方式呢？

比如，妻子在说完“你回来了”之后，暂且什么都不要说，保持表情平和。这是在为丈夫创造说话的空隙。也许接下来丈夫就会开始说起今天一天的经历。

然后，妻子从头到尾兴致盎然地倾听丈夫，（就像当初恋爱时那样）抓住丈夫话语中的要领，向他提问。丈夫因此获得满足，自然而然也就萌生了接下来认真听妻子说话的念头。因此，丈夫会变得主动去倾听妻子说话。

仅仅是给对方一个说话的空隙，就能够使双方都感到放松和自在。如果夫妻在平日里就能做到双向沟通，那么丈夫行事时就如虎添翼，也会加倍努力。

也许有人会认为，要做到善于倾听和善于提问，必须完全了解丈夫的工作。实则不然。就算你不太了解丈夫的工作，但只要对丈夫的事情表现出兴趣，也能给他十足的满足感。毕竟，对丈夫而言，婚姻不是职场，并不需要妻子给出多么专业的意见。

用开玩笑来表达不满

我先生是个律师，由于工作关系，平日里都在为客户打官司。他经手的案件很多，需要集中精力长时间工作，因此每当他回家的时候，都是一副身心俱疲的样子。

正因如此，我决定充当我先生的“充电器”，让他与我在一起时能够不知不觉地补充能量，恢复精力。

首先要放松心情。我先生倾向于用左脑思考，我则倾向于右脑。我会开动右脑，将幽默的要素揉进话语中。因为逗人发笑需要技巧，所以我在我先生身上做了许多尝试，也总结出了许多经验，才终于发现要怎么做才能引他发笑。

某日，我先生开车带我去兜风，却错过了高速公路的出口。于是，我先生像念咒似的一遍又一遍地在我耳边念叨：“要是弘子你能及时提醒我出口在哪里，我现在就不用这么浪费时间了。你太不细心了！浪费宝贵的时间实在是太可惜了！”

听到这些话，你一定觉得这人简直就是在推卸责任！明明是他自己的错，为什么怪到别人头上？！但是，如果将这些心里话都说出来，就一定会争吵，导致夫妻关系极速恶化。因此，我决定扮演一位可爱的法官。

“通过我们的现场调查，发现尼克先生希望得到妻子弘子的帮助。但是，妻子弘子只是不发挥任何作用的乘客，并不知高速公路的出口在哪里。故而，我们判定妻子弘子犯‘不发挥作用罪’。丈夫尼克将自己的过错推诿到妻子身上，其罪行严重，犯‘诽谤罪’，在此，我们责令丈夫尼克邀请妻子弘子共进晚餐以作补偿。”

看到妻子努力演的这么一出恶作剧，丈夫肯定也会忍俊不禁吧！笑着笑着，他也就将那些心烦的事抛在脑后了。而妻子也借其扮演的法官之口，一股脑儿地倾吐出自己想说的话，心里畅快多了！内心的焦躁和不满情绪都一扫而光。

顺着这种感觉，每当我和我先生要发生矛盾和争吵时，我就在想要说些什么才能出乎他的预料之外，让他的心情由阴转晴。所以我建议你经常开动脑筋，这样，幽默的灵感才能源源不绝地涌现出来。

将内心的不满幽默地展现出来，就能一直保持愉快的心情。我认为，幽默是生命力的重要源泉，能够给人们补充能量。妻子这种幽默的做法，不仅能巧妙化解夫妻矛盾，还能够在不知不觉中让自己也得到治愈。

当他敢于展现自己的不足时，夫妻感情才能更稳固

当妻子看到丈夫对工作一副毫无干劲儿的样子，很可能也会烦恼不已。丈夫肯定也想更努力工作，但有些事情是不可控的，要么工作岗位和工作内容不适合他，要么被工作搞得身心俱疲，或者有时没有明确目标，等等。面对这些现实的困境，妻子该如何行动呢？首先，妻子需要找丈夫了解原因，和他谈谈为什么最近无心工作。

有时候就连丈夫本人都不知道自己为什么对工作没有干劲了，因此，夫妻二人最好一起找找原因。

妻子可以在合适的时机和丈夫谈论这个话题，问他：“你在为工作上的事而烦恼吗？”妻子听到丈夫的回答后，表示理解并产生共鸣，可能会回应道：“原来是这样啊！”然后接着问：“你为什么会这样想呢？”“接下来有什么打算呢？”

妻子需要用提问来引导丈夫吐露心声，而不是一味地给丈夫提建议。

例如，与丈夫同时进公司的同事升职了，而丈夫却没有升职，就会顿时失去工作动力。妻子可以这样来劝慰丈夫："别心急，你完全可以按照自己的步调来。在你的领导和同事中，一定也有很多人一直把你的努力看在眼里，认可你的工作能力。而对于那些看不到你的付出的人，咱们还不稀罕他们看见呢！""做好自己，就绝对没问题。"

一段只向对方展示自己有多好的关系是一种脆弱的关系。倘若丈夫愿意不加掩饰地让妻子看到自己的不足，想必这样的夫妻感情一定很好！为此，双方需要做到相互信赖，不过分为对方担忧。

我时常觉得男性生活在现在的社会，就像乌龟一样背负着重甲。男性在情绪低落的时候，会钻进"龟甲"里，独自一人分析情况、调整心情，他们需要时间安静地剖析自我。因此，妻子在这种时候最好不要刻意去打扰，只需默默守护在他身边；也不要轻易去责备他、对他进行说教，可以对他表现出关切和支持的态度，但不要像老母亲一样絮絮叨叨。

不妄图改变男人，他可能更容易改变

现有的关于亲密关系的书籍，基本上都会写到如何影响对方的潜意识。但这其中有一个陷阱：人际关系原本就很难划分类型，当你半信半疑地按照书中的内容将丈夫的行为对号入座时，你的一切心思都将会被对方察觉到。

一位作家曾为我的书《被爱的妻子的习惯》(*Beloved Wife's Customs*）写过书评，其中写道：想让丈夫成为自己的理想伴侣，女性需要帮助丈夫提高自尊心并陪伴他成长。

提高男性自尊心，并使其感受到自我成长的秘诀就是在他们的潜意识上下功夫。之所以要影响对方的潜意识，是因为对方还没来得及思考就已经不自觉地有所改变了。

然而真相是每当别人想影响我们的意识时，我们就会产生防御心理，觉得他人似乎在对自己提要求，试图控制和束缚自己。因此，比起影响对方的潜意识，让丈夫自觉地、主动地改变，更有助于夫妻关系的和谐。因为比起被迫去做某事，人们的自发行为更能取悦自己。

不同于旧时代的女性，当代女性即便结了婚，也会投身自己的事业。尽管现在的女性依旧希望丈夫能升职加薪，但比起旧时代女性希望做好贤内助，当代女性则更希望她们的爱人愿意为自己而改变。而且，妻子的这种想法会影响到丈夫的潜意识。

我曾对比研究过相处融洽的夫妻和相处不融洽的夫妻，发现相处不融洽的夫妻中，妻子一方大多有如下特征：

√ 经常用命令的口吻对丈夫说话。
√ 理所当然地对丈夫提要求。
√ 剥夺丈夫的自由，不信任丈夫。
√ 不择手段地改变丈夫。

以上行为都以强行改变对方为出发点。因此，丈夫会敏锐地觉察并产生抵触心理，从而无法坦然接受妻子的要求和意见，甚至有时会产生逆反心理，固执己见，认为绝对不能听妻子的。

对于相处融洽的夫妻，妻子一方往往有以下三个共同点：

√ 不妄图改变丈夫。
√ 给予丈夫自由空间，信任丈夫。
√ 将目光投向现在已经拥有的事物，感恩当下。

绝大多数男性都希望自己的爱人是一个脸上总是带着微笑的女人，温柔、体贴、自信，并永远站在自己这边。这样的女性依赖自己的丈夫，能够接受爱人最初的样子，因此不会妄图改变男性。跟这样的女性在一起，男性会更安心地施展才能、打拼事业。

用信任报之以信任

如果你不打算强行改变你的丈夫，那么当你对他的某些言行持有疑问时，该如何向他表达呢？

是在不知不觉中改变丈夫，还是尊重他本人的意愿不予干涉？在不同的前提条件下，你说出来的话将产生不同的结果。事实上，你没有必要指责、打击丈夫，也不必费尽心思让他必须去做某件事。

简而言之，坦然接纳那个不完美的他。不再一味坚持自己认为对的事情，而是允许丈夫享受独属于他自己的时光，做他自己喜欢做的事。

对方坦诚，你也会报之以坦诚。如果你打开思路、换位思考，就会更加理解和包容对方。当你问那些自己丈夫一路升职加薪的妻子们到底对丈夫做了什么时，她们只会说："其实我什么都没干，只是我先生很厉害而已。"

养育孩子亦是同理，需要给予对方充分的信任和自主权。我先生当年在东京大学法学院念书时，发现周围的同学都太过热衷于学习，当问他们为什么这么努力学习，以及他们的父母对他们学习的干预程度时，他们居然一致地说，父母从来没有督促过自己学习。他们自己制定目标，再主动朝着目标前进，然后真诚地感激那些在背后帮助自己的人。

聪明的妻子会用言语来鼓舞丈夫

在日常小事上，我建议你用言语来鼓舞你的丈夫。比如，早上你的丈夫挑选好了今天要穿的西装，你可以竖起大拇指，笑眯眯地说："这套西装很适合你哟！"你的这种态度和行为会感染丈夫，令他心花怒放。在妻子的言行鼓舞下，丈夫心里会顿时产生"感觉今天也是美好的一天呢，我要更加努力工作"的想法。

甚至，如果你对丈夫说："老公，你穿这套西装真的好帅啊！帅到我想和你去约会。"他听到你这样说，说不定真的会和你来一场浪漫的约会！面对妻子的赞扬，丈夫也会萌生想做些什么来回报妻子的想法。

当你接受到丈夫对自己的付出，你是否也从心底涌起一股想为丈夫做点儿什么的情感？同样，你的丈夫对你也抱有相同的想法。

你的人生理想需要他的支持

在妻子的鼓舞下，丈夫会变得充满干劲，这是一件值得高兴的事。不过，请不要止步于此，丈夫也来关注一下妻子想做的事情吧！

每对夫妻携手共度一生的方式都不尽相同。很多夫妻总是相互扶持，共攀人生高峰，共享山巅美景。当妻子努力奋进的时候，丈夫为妻子提供支持，做妻子的坚实后盾；当丈夫努力奋进的时候，妻子为丈夫提供支持，做丈夫的坚实后盾。

我认为无论哪种形式都不错。重要的是要参与到彼此的生活中。妻子努力不仅仅是为了她自己，因为丈夫的存在，她才能更加努力。丈夫努力也不仅仅是为了他自己，有妻子在背后默默支持他，他才能更加努力。夫妻双方都将对方视作重要的存在，并相互感激，幸福感就会倍增。

要想拥有共同进步的夫妻关系，就必须弄明白两人想追求怎样的相处模式，并不断磨合。

如果你已产生这样的想法："和他结婚，让我感觉很幸福。在婚姻幸福的基础上，我可以考虑人生的下一阶段了。接下来我要如何生活，才能过得更加开心呢？"不妨对丈夫坦言自己有想去做的事情。与此同时，你可以再巧妙地向丈夫这样表达："不过，我之所以想做这件事，完全是因为你在背后无条件地支持我，我想挑战一下这件事，你愿意继续支持我吗？"表达出只有丈夫陪伴在身边，自己才能做成这件事，并向他展示自己的真诚态度。无论你想做什么，最好都将自己的想法告诉丈夫，哪怕还不成型。

“最近我对 ××× 很感兴趣，我想学习一下。”

“要是以后我能单干就好了。”

“我想以后自己创建公司，为此，我制订了一个计划。”

不是突然宣布要做某事，而是将自己当下的想法一点一点地透露出来。这样做更容易得到丈夫的理解。

还有一件事需要注意，那就是了解丈夫的想法。养成习惯后，丈夫也会变得更愿意沟通，愿意对妻子坦白自己内心的想法。

夫妻间互相了解对方的想法，彼此磨合，便能够自然而然地发现人生哪些阶段需要两人共克艰难。例如，怀孕生子、照看小孩、换工作、换房子、子女有重要考试、赡养父母等，夫妻双方需要在不同的人生阶段制订相应的计划。

在男性看来，女性有很多想做的事情，但往往因为角色和任务的多变而无法实现，因此常常会认为女性容易半途而废，从而抱怨妻子：“说的时候信誓旦旦，结果不还是做不到吗！”即便如此，对于真正酝酿已久的事，我也建议你循序渐进地透露给丈夫，最后再满怀热情地告诉他自己想做的事。重要的是，让他知道你对这件事是认真的。

丈夫在妻子最需要的时候给予支持，相应地，妻子也会在丈夫最需要的时候伸出援手。夫妻二人相互扶持，共同制订计划，就一定能够一起成长。

找到彼此目标之间的平衡点

“我想和丈夫成为 ××× 式的夫妻。”
“我想做类似 ××× 式的工作。”

当女性持有上述想法时，其实是希望丈夫能与自己的目标一致。因此，首先，夫妻间需要彼此磨合。如果只让丈夫顺从你的目标，最终只能演变为操控，这样就无法推动事情顺利发展。

夫妻要想朝着共同的目标迈进，都应该明确一点：什么是你们绝对不肯妥协之处，而什么又是可以退让的。对不肯退让妥协之处，妻子和丈夫都应各退一步，这样你们两个人都能得到自己满意的结果。

彼此都愿意先满足对方的期望，才算是真正的夫妻。如果妻子对丈夫的见解有不认同的地方，暂且先带着仿佛打开了新世界一样的心情，说道“哦，是吗”或者“这还真是闻所未闻呢”，在丈夫面前表现出感兴趣的样子，问他为什么会有这样的想法。你会发现一个自己从未见过的世界真的被打开了。这样拓宽双方对世界的认知，也是夫妻间的乐趣。

“原来他是这样想的。”“我以为自己会不认同，没想到出乎我的意料，其实挺好的。”别再一味地坚持自己的意见，适当听取对方的想法，并巧妙地找到双方意见的平衡点吧！

当彼此成长的步伐不一致时

不知从何时起，在妻子眼里，丈夫不再值得依靠。虽然妻子心里很明白自己的丈夫仍然是个好男人，但自己依然无法做到像以前那样尊敬他。妻子想道：“要是他能更加上进些就好了，要是他能对换工作上点儿心就好了，要是他愿意做做副业，或者多做几份工作就好了，这样他或许就能跟我一样优秀了。”妻子出于善意，不是给丈夫报名商务培训班，就是给丈夫各种出谋划策，等等。

妻子有时也希望能再次感受到丈夫的男子气概，希望自己能找回当初喜欢丈夫时的心情，故而对丈夫的要求越来越高。

随着经验的累积和个人的成长，我们的视野和见识会越发广阔。遇到以前从未见过的人，去以前不曾到过的地方，一切都是那么新鲜刺激。而当看到丈夫原地不动时，妻子就会产生被强行拉回到从前的感受。这时，请你别忘了这句话：

与其受他人影响，不如做个影响他人的人。

即使是同床共枕的夫妻，在不同的人生阶段也有不同的成长节点。希望丈夫跟自己一样，认为丈夫也应当在当下这个节点成长起来，这种想法未免太过片面。当然，我理解妻子们的心情，她们认为跟丈夫共同进步会更快乐，但夫妻双方的成长曲线不一定同频共振，只有站在不同的人生阶段，才能欣赏到更精彩的风景，收获更独特的体验。更重要的是，一个人的价值不在于他成长得多快，也不在于他赚了多少钱。

让自己先成长起来

请你试着回忆一下你和你的丈夫初遇时的情景，想想当年你在脑海中想象如果他向你求婚，你有多开心时的情景，以及你们刚步入婚后生活，对一切都新鲜不已，每天都怦然心动的情景。

你当初喜欢丈夫的哪些地方呢？请你再回想一遍。

我想最吸引你的肯定不是“他在 ××× 公司上班”，而是“他很爱我、对我很好”，或者“跟他在一起时，我感到很安心”，你一定是被他的个人品质和优点所打动。当你意识到丈夫的身上依旧具备这些闪光点后，你便会再度感到幸福。我希望你能够回想起自己正是因为喜欢丈夫的这些优点，所以才选择跟这个人在一起的。

话虽如此，随着妻子自身的羽翼越来越丰满，妻子自然希望丈夫也能跟上自己的节奏。若是这样，那么作为妻子的你其实自己也应该在思想上成熟起来！这么一来，你的丈夫会觉得“我老婆的格局变大了”，或者“我的老婆正在不断成长”。从而，他自己也会奋发图强。

你不必在意与丈夫之间成长的差距，只需朝着自己的目标前进。当看到自己的妻子正在认真地做某一件事时，丈夫也一定会支持妻子。当妻子变得越来越优秀，与丈夫慢慢拉开差距后，丈夫会开始担心妻子遇到比自己更优秀的男性。丈夫将怀着这份危机感和紧张感，努力跟上妻子的步伐，使自己与妻子更加般配。

我们总是为成长这件事而感到喜悦，即使只迈出了成长的第一步，达成了一个小目标，就觉得自己已经很了不起了。不过，在你还没有完全成长起来的时候，先不要考虑自己和丈夫的水平孰高孰低。总之，在实现目标之前，你需要做的只是不懈努力，坚定地朝前走。

保持平衡的夫妻关系

夫妻间需要保持平衡的关系。当自己突然变强时，对方就会相对较弱。从这一层面来讲，当妻子抱怨丈夫一直以来一点儿长进都没有时，只要将丈夫的行为理解为“此时他正在努力追上我的步伐”，或者“妻子的成长促使丈夫也更加努力，以维持两人地位的平衡”就好。

人不可能一直都在进步。人生中既有稳定前行的时候，也有走下坡路的时候。丈夫的人生有独属于他自己的起伏，妻子在一旁默默支持就好。我想，丈夫一定也有需要妻子帮助的时候。所以，好好珍惜为他提供支持的时刻吧！

当成长到一定程度的时候，你的成长曲线将放缓，而你的丈夫则会加速成长起来，你们夫妻之间形成了一种新的势均力敌的局面。婚姻生活就好比全程马拉松，重要的是，要用长远的眼光看待它。

总而言之，请你一定要相信你的丈夫，坚信他也一定能成长起来。

你改变了，他也会随之改变

下面我来讲一个妻子改变想法，丈夫也随之受到影响的模范夫妇的案例。

不上进的丈夫

有一天，一个叫优子的已婚女子找我咨询婚姻问题。从优子口中，我了解到她的丈夫每天都工作到很晚才下班回家，但工资一直不见涨。

自己创业并取得成功的优子无法忍受丈夫在被人压榨下工作，于是提议丈夫也去创业，可是优子的丈夫一点儿都不愿意改变工作方式。对此，优子感到十分烦躁。

渐渐地，夫妻二人的收入愈加悬殊，优子在不断成长，她的丈夫则原地踏步。

优子向我抱怨道："这样的话，这个家有我一个人就够了，还要他干什么？！"听了优子的怨言，我对她说："假设你是你丈夫的话，你怎样看待妻子对自己的干涉？比如，妻子变优秀，丈夫也应该变优秀；丈夫的工作方式有问题；丈夫工资太低；等等。听到这些要求，你会开心地照做吗？"

我继续让优子回忆丈夫有哪些优点，他努力工作时是一种怎样的状态。如此询问后，优子如梦初醒，她认识到："我确实应该承认，我的丈夫也在按自己的节奏努力工作。”自那以后，优子开始努力寻找丈夫的优点，并及时表扬丈夫。一段时间后，优子向丈夫倾诉了自己的感想：“正因为有你在公司里努力工作，我才能毫无顾虑地创业。谢谢你做我坚强的后盾。”优子觉得自己放下了以往沉重的包袱，轻松了不少，对丈夫的感激之情也油然而生。

以前，优子将自己工作挣的钱视作她自己的钱。花钱时会说：“我来替你付吧！”针对这一点，我也给优子提了建议：“这样说，实在不太妥当，不管钱是谁挣的，既然夫妻在一起生活，那么钱就是两个人共同的财产。”自那以后，优子夫妇一起在外用餐时，优子不再潇洒地直接刷卡，而是将现金交给丈夫，让丈夫来结账。

丈夫也察觉到了优子的变化，还主动对优子说道：“今天我请客，我来买单吧！”当发现这样做能够讨得优子的欢心时，丈夫越来越心甘情愿地做更多更好的改变，甚至主动找优子商量：“我想换个工作，赚更多钱来养家，你有什么好主意吗？”

“你为什么不找领导商量一下涨工资的事呢？”

“你说得对。我还从来没有找领导谈过涨工资的事呢！那我试试看吧！”

夫妻俩共商大事，夫妻关系也随之越来越亲密。优子的丈夫最后真的成功涨薪了！

“老公你挺厉害的嘛！你的工作能力被公司认可了呢！”优子为丈夫涨薪而由衷地感到喜悦。

过了一段时间之后，优子在向熟人打听和翻阅相关书籍之后，向丈夫提议换一种工作方式试试。优子这么做，其实是为了给丈夫提供一个新的思路。我向优子建议，不管丈夫是否接纳她的提议，都不用太放在心上。

半年后，优子的丈夫跟公司签订了一份外包合同，成功改变了工作方式。

尽管优子夫妇成长的速度不同，到手薪资也存在差异，但在优子眼里，丈夫以前从来都无动于衷，现在却在一点点地蜕变，她渐渐感觉到丈夫正和自己并肩成长。

现在的优子过得很幸福，觉得和丈夫在一起真好。而优子的丈夫也觉得正因为有优子的陪伴，自己才能顺利地找到更适合自己的工作方式。他们很满意当下的夫妻关系。这对夫妻帮助对方共同成长，当真称得上是模范夫妻。

家庭也是另一种职场

接下来，我还想聊聊夫妻二人如何过上理想生活，其中的诀窍便是把家当成一家企业来经营。

我经常对学员们说："站在自己原本的位置上看待事物容易只见树木、不见森林，你需要站在更高处看到事物的全貌才行！"

例如，在公司上班的话，可以假设自己是老板，从老板的角度而非员工的角度去思考问题，这么做能够培养你的商业意识。因为站得越高，看得越多。

成功的商业人士，大多都懂得把握人际边界，编织人际关系网，培植亲信，等等。这种商业头脑也可以用在改善夫妻关系上。毕竟，夫妻是相伴相依、走过一生的伴侣，亦是无可取代的队友。他们各自是自己人生的主人，同时一起经营着一家"幸福家庭股份有限公司"。夫妻二人都清楚这家公司是他们自己建立的，因此他们会主动思考如何才能开设出独具二人特色的公司。

全职妈妈也可以设想自己是“家庭董事长”

由于长时期没有外出工作，很难快速拥有商业头脑，对于这类女性，我建议她们将自己设想成家庭的董事长。

曾有一位女士找我咨询婚姻问题，她过去从事文员工作，在跟一位医生结婚后，因怀孕生子而回归家庭。她向我吐露了内心的烦恼：“我觉得自己现在就好像是被关在笼子里的鸟儿，很不自由。无论是收入还是社会地位，我的丈夫都远胜于我。我什么都比不上他……”

从这位女士的言辞中，我能够感受到她对自己已经完全丧失了自信。于是，我对她说：“你先将妻子和母亲的身份抛开，设想自己是经营家庭的董事长，而丈夫是你的部下，你要如何带领他前行呢？从这个视角出发，你应该就不会再那样想了。”

这位女士听后说道：“如果我是家里的董事长，我会给我的丈夫提更多意见。”原来，她是希望丈夫能多给些家用，于是她跟丈夫坦诚沟通了自己的想法，最终丈夫也欣然答应了她的要求，她也可以做自己想做的事了。在这个过程中，这位女士越来越体会到心灵的自由，甚至萌发了重新出去工作的念头。

无论是全职妈妈还是别的什么身份，都不影响女性培养自己的事业心。

如何掌握顺势而为的能力？

如果你希望生活得更幸福快乐，那就一定要具备事业心。其中，顺势而为的能力在当今这个瞬息万变的时代可以说是必需品。

对于顺势而为，最应该明确的是用强烈的信念告诉自己一定要做某事。一旦你下定决心做某事后，接下来的行动你也要了如指掌，不要总是想万一失败了怎么办，带着一种乘风破浪的感觉顺势而为即可。

当然，你也可能会遇到很大的挑战。但没关系，只要你意志坚定，相信没有什么困难是你不能克服的。而且，你应该也能从中学习到不少有用的知识。日后当你回忆起这段经历，会觉得虽然当时吃了不少苦头，但正是那些经验成就了现在的自己，它们成了你的养分，让你发挥更大的潜力。

顺势而为，便能借势破竹。虽然选定时机很重要，但请你记得时刻与丈夫商量。万一他持反对意见，你也无须暗自腹诽：“就是知道他总是反对，所以我才不愿意跟他商量事情呢！”首先，请你在内心对丈夫报以感谢，“他是在考验我是否真心想做这件事”，并扪心自问：“他反对我做这件事，那么，我确实是真心想做这件事吗？”请你反复、仔细地确认自己的心意。

对于那些需要长期去做的事情，如果思来想去依然摇摆不定，那么你应该重新审视是从哪里开始乱了节奏，其间有没有忽略自己的心情。不管是多么微小的事，其中一定有我们看见了却假装没发现的细节，找到这些细节，并根据自己真正想做的事来修正轨道。

不要忽视那些细微的不确定感

当人们面对自己心理上的动摇时，很容易视而不见，关闭心声。

“可能现在时机不对吧？”

“这样真的可以吗？不，一定没问题！”

但是在大部分情况下，无视这种不确定性会令你遗憾地奔向错误的方向。

有时也存在“我很想做这件事，但它跟我想的不一样”的情况。如果遇到这种情况，我会放弃做这件事，因为继续做下去，最终难免会不尽如人意，这样的经历我体验了好几回。

每当我放弃去做准备做的事时，都会和我先生商量，并对他说：“我本来想做这件事的，但是情况变了，所以最终决定放弃。”我先生也会无条件支持我的决定。又比如，我对他说：“我在考虑这个问题，但是，我不确定我该做什么。”这种时候，我先生会细致地询问我许多情况，引导我厘清头绪，最终使我下定决心继续前进。

有时候，人的内心会很忐忑，禁不住想：“继续做的话，会怎样呢？”这时请你问问自己：“如果前进路上没有丝毫障碍，那我想做什么事呢？”得出的答案，即是你真正想做的事。

也有人会选择逃避问题，所以，看透问题的本质十分必要。但是如果这个决定真的是为了迈向人生下一阶段，我希望你能勇敢前进。

人生有时很奇妙，当你相信自己已经行动起来，心里想着“我想去做这件事”的时候，就会有人来帮你一把。要么出现支持你的人，要么有人给你介绍合适的人，要么正巧出现合适的时机。这就像你正筹备着搬家，就突然出现符合心意的房子一样。

越是碰壁，越能得到飞跃成长

有的人做事畏首畏尾，总是让来之不易的机会从指缝中溜走。如何避免这种情况呢？答案只有一个——下定决心去做。

下定了决心，才能放手一搏，你会因此被点燃勇气之火。如果犹犹豫豫、患得患失，就会烦恼不已。

在下定决心之前，你要扪心自问：这是自己真正想做的事吗？当你得出答案，就赶快行动起来吧！

很多人面对失败总是有一种异常的恐惧感，认为失败是可耻的，让人颜面扫地。已经 50 多岁的我经历了或大或小许许多多的失败之后却深刻地体会到，正是这些失败的经历化作前进的力量，最终让我抵达心目中期盼的未来。没有经历过碰壁，可能就无法得到飞跃式的成长。当你想通这一点时，就能做到把握机会，勇往直前了。

因此，我反而希望无论是在工作上还是在夫妻生活中，都能有机会体验许多微小的摩擦。或是惹怒对方，或是伤害对方，男女间爆发各式冲突。尽管如此，我却觉得这都是让人成长的代价，没什么好计较的。

“原来，他会因为这样的事而生气啊！”通过这些小矛盾，你会越来越了解自己的丈夫。于是，你便不会轻易犯大错误，造成重大损失。

这一点跟体育运动同理。当你学习滑雪时，一开始总是会摔跤，但在此过程中，你的身体渐渐适应，慢慢学会了滑雪，后来就再也不会摔跤了。第一次摔跤的时候，你会品尝到恐惧、痛苦，但习惯了之后，摔跤就变得不那么可怕了。但如果没有经历过跌倒，心中就总是会害怕，以至于永远不敢迈出第一步。

从长远来看，这种行为无异于主动阻断自己的成长。机会流失得越多，对未来的投资就越是会减少。只有经过一路上的跌跌撞撞和磕磕碰碰，你才能轻装上阵。

我经常跟我先生分享自己失败的经历。我不仅向他讲述事情的来龙去脉，还会和他分析我为什么会失败，找到自己失败的原因后，再思索该如何面对。因此，我会从失败中总结经验教训，并考虑今后该如何将其运用到自己的人生当中。我时而认真严肃，时而又调侃自嘲，仿佛打开了话匣子一般，一股脑儿地向他倾诉。

在与我先生分享自己的失败经历的同时，也帮助他了解我的思维方式，有助于他在紧急时刻迅速想到应对措施，也能让他对我更加放心。而且我的描述也间接丰富了他的人生体验，使他从中吸取经验教训，不断进步。

紧要关头要相信直觉

每个人都有自己的直觉。我经营公司已经 20 多年了，每到紧要关头，我总是相信丰富的经验带给我的直觉。

例如，在你的面前有A和B两个选项。理性来看B是正解，但你凭直觉选择了A，你是否会为此而惴惴不安呢？你是否觉得哪里有些不对劲呢？这证明你的直觉在否定你的理性选择。到底是听从理智还是直觉并不重要，毕竟只有真正尝试才会知道结果如何。重要的是，在理智思考之前先去感受这个世界，倾听自己的心找到理智与直觉间的平衡点，敢于为自己的抉择负责。

当你心里想“就它了”，那么你就可以快速做出决定。毕竟，无论什么，不下定决心就无法开始。

直觉往往不需要长时间思考就已经帮你找到答案，因此在紧要关头，直觉总是能发挥它应有的作用。但在相信直觉之前，你要明确自己真正想做的事，并对自己的言行负责。

如果你凭直觉做出了选择，就绝不能再患得患失！哪怕失败就在前方等着你，忠于直觉的选择也一定有其特殊意义。因此，请你义无反顾地向前进吧！如此做决定，你的生活才能更自在。

如何投资你们的梦想

在漫长的一生中，夫妻二人如果只是维持现状的话，很难累积财富。为了成长起来，需要不断学习，而学习需要金钱的支持。接下来，让我们聊一聊如何“投资”你们的梦想。

我先生在39岁那年声称要成为一名律师。虽然男性在三四十岁时正处于年富力强的事业黄金期，但在人生的中场选择转行成为一名律师，可行吗？我眼前的丈夫能坚持到底吗？如果当不上律师的话，又该何去何从呢？那一瞬间，我脑海中闪过了一丝疑虑。

设想了一番之后，我依然坚信他能行。而且，就算我先生努力了还是无法成为一名优秀律师的话，我依然相信他能够闯出一片自己的天地。于是，我不再焦虑，转而考虑如何投资丈夫的未来。

我先生至今仍对我当年的全力支持心存感激。而且，在他奋斗的那几年里，我们夫妻间的感情愈加深厚，彼此更加相互信任。我也很享受陪伴丈夫努力达成目标的过程。这是我人生中最愉快的一次梦想投资。

请你一定先找你的丈夫探讨一番，结合他的性格，认真设想夫妻二人的未来蓝图，再对你们的梦想进行投资。当然，你也可以投资自己的梦想。

不要限制丈夫的消费

说起日常花销，夫妻可以商量一下谁更擅长管钱，由擅长理账的人来负责。这并不仅限于夫妻生活，无论做什么事，与其让不擅长做某事的人来做，不如让更擅长的人发挥长处。扬长避短，通力合作，才能顺利完成任务。

如果男性一方擅长理财，把家庭的财政管理权交给丈夫或许更能使财富得到合理支配。因为大部分男性在理财和消费时更加理性。相反，女性则更容易陷入“钱快没了”的不安之中。

如果夫妻二人都不擅长理财，那就不要让其中一人包办，而是让另一方也帮忙分担一部分，这才是明智之举。

我想在很多家庭中，都是妻子负责管钱，每月定期给丈夫一些零花钱。无论夫妻如何分配家庭的财政管理权，重要的是要尽可能地给予彼此金钱自由，这样才能一起投资梦想。

如果可以的话，妻子尽可能不要过度限制丈夫的消费。这样他才会有资金拓展人脉、投资学习等，对于要做的事也会有更多选择。这与他的成长息息相关。

你负责准备选项，他负责做选择并担负责任

当你有了想做的事时，比如心里有了几个选项，这时我建议你让丈夫来帮忙做出选择。同时，你要向丈夫表明：虽然最初给出选项的是我，但是最终做选择的是你，你得为你的选择负责哟！看起来这样的做法颇有推卸责任之嫌，但这种沟通方式意外地适用于家庭中的各类事务。

以我家为例。当年我们决定买房时，我先生由于不太擅长，所以把这件事交给我去办。多番调研后，我挑选出 A、B、C 三处房源，然后请他同我一起去看房。

参观完毕后，我问我先生的意见，他选择了 A。听罢，我说道：“哦，那么，你为什么选 A 呢？”我先生给出了他的理由。“原来如此。我觉得 A 挺好的，但其实 B×××。”于是，我先生又说道：“你说的有道理。B 也不错。那我们

就选 B 吧！”交谈过程中，我先生渐渐忘了一开始是我的提议，结果还以为是他自己选的。

这样交谈的好处是，本来是需要我做决定的事，变成了他自己决定的事，因此，他会主动为自己的选择负责。这令我先生没有被迫选择的感觉，只有自己主动做选择的真实感、参与感。在我们的日常生活中，我会主动“投球”，把问题抛给我先生，由他来做决定。

让男性为自己的选择负责，才能帮助他们快速成长起来。

当代女性几乎能够胜任任何事，所以很多女性都选择自己来承担一切。不过，我还是建议你将那些自己能办到的事和能做的决定分出一部分给男性，尽量让男性来承担责任。这样一来，夫妻关系很可能会更融洽！

工作、育儿和婚姻生活的责任需要你们共同分担

首先，夫妻二人要明白，工作、育儿和婚姻生活这三大板块的节奏各不相同，需要夫妻双方共同分担。通过了解对

方在这人生三大板块中所处的位置，你可以在合适的时机灵活规划这三件事。

例如，我经营着一家小公司，在我的工作板块中，经营的周期如下所示：

工作的周期

- 创业期：独自一人负责一切事务，极其忙碌的时期。
- 成长期：开始雇用员工，为管理人才而烦恼的时期。
- 成熟期：稳定发展的时期。
- 衰退期：没有跟上时代的浪潮，对后续发展感到迷茫的时期。
- 重生期：渡过了经济困难，公司前景复苏的时期。

※ 之后，从成长期到重生期，周而复始。

相比于大公司，我的公司历经一个周期花费的时间更短。现在有些公司依靠当下流行的新媒体平台创业，这一个周期会转得更快。如果你是上班族，也请对照自己的工作内容，思考一下自己的工作周期吧！如果你现在是无业状态，请在纸上写下你的生活周期。

我结婚、生子和照顾宝宝的这段时间恰逢公司的成长期。不过这里要说一下，养育独生子女不存在周期，只是一条直线贯穿始终，如下所示：

养育孩子的周期

- 婴儿期：因哺乳引起睡眠不足，对养育孩子感到焦虑，身为妻子和母亲压力巨大的时期。
- 幼儿期：宝宝开始懂事，开始学会做更多事，需要多花些时间陪伴宝宝的时期。
- 学龄儿童期：孩子上小学，开始离开父母，稳定成长的时期。
- 青少年期：这是孩子的叛逆期，也是父亲需要参与更多的时期。此外，要考虑孩子将来的出路。这一时期是经济负担加重的时期。

我先生处于工作成长期的时候，正赶上我们的孩子刚出生，这也是最让我们这对新晋父母手忙脚乱的时期。我曾经设想过，如果我先生不能理解养育孩子的周期，不同意雇人帮忙照看家里，把一切事情都抛给我，我可能会压力很大，以至于对他充满怨言。所幸，我们为了不给对方增添负担，决定雇用家政人员来帮我们做家务和照看宝宝，这个决定最终帮助我们顺利渡过了这段艰难时期。

最后是婚姻的周期。这也是夫妻二人最初的爱情周期。

婚姻的周期

- 稳定期：双方都努力维持融洽的夫妻关系的时期。
- 成长期：夫妻共同经历考验的时期。经历备孕、怀孕、产子、养育孩子、身体亚健康、处理娘家和婆家的关系、赡养老人、继承财产、买房、金钱纠纷等问题。
- 倦怠期：夫妻频繁争吵，开始对自己当初的选择产生怀疑的时期。
- 衰退期：面临离婚危机的时期。
- 重生期：夫妻感情的修复时期。双方个人是否有明显进步，将成为今后婚姻生活的分水岭。
- 成熟期：关系稳定的时期。

下面让我们来看看当孩子的婴儿期撞上丈夫的创业期、夫妻生活的倦怠期时，妻子是如何修复疲惫的夫妻关系的。

顺应丈夫的工作周期，跨越婚姻的倦怠期

美波的孩子刚出生，正巧与她丈夫的创业期相撞。虽然美波每天都在努力克服困难，但她根本无法料理好家庭生活。婚姻生活此刻也悄然进入了倦怠期。

倦怠期是一段会让人忘记感恩的时期。在这段时期，你会把对方的存在视作理所当然，你不但不感激对方，甚至还很容易嫌弃和厌恶对方。

绝大多数女性受到“贤妻良母”的传统观念束缚，在生活中都非常认真、力求做到完美，整日为家人尽心尽力。她们希望丈夫能对自己的付出心存感激，并用行动来表明对自己的重视。然而妻子们却迟迟等不到在意的丈夫对自己表达爱意，眼睁睁地看着丈夫把全部心思投在事业上，内心长久无法获得满足。

究其原因，就男性的本性来讲，他们认为要让妻子感受到被爱，自己就必须在事业上有所作为。

然而，美波显然不了解男女之间在性格、思维方

式上的差异。她认为："在养育孩子的关键时期，把所有事都丢给我，太过分了！"怒气涌上心头，导致对丈夫的怨气越来越重。

这一天，美波的丈夫难得提早回家，他到家后没有洗手就去看电视了。"回家后记得洗手！"美波叮嘱丈夫。丈夫随意应了一声："等会儿洗。"然而，却一直不动弹。美波的丈夫貌似对已经安睡的宝宝也没什么兴趣。等美波再次注意到丈夫时，才发现他已经卧在沙发上睡着了。电视还开着，灯也没关。一时间，美波气不打一处来，越看越心烦。

"他知道他平日里对我的态度有多令我伤心吗？我希望他明白，即便不遵守生活中的规则，也得有个度！如果我主动纠正他的态度，我们就一定能回到从前那样幸福的生活。"美波坚定了自己的想法，并对此深信不疑。

因此，美波觉得必须让丈夫察觉到她的感受，从而改变态度。第一步就是不再对丈夫说："欢迎回家。"深夜，睡在宝宝身边时，哪怕察觉到丈夫已经回家了，也不起身，以此表达自己无声的抗议。光有态度还不够，美波还总是不断提醒丈夫，纠正丈夫。

面对美波的上述行为，美波的丈夫只是不耐烦地说道：“我很累了。你别再闹了。”

“我再也受不了了！”美波的愤怒到达了极点，好像内心绷着的那根弦断了，她对丈夫大吼大叫，“你去哪里了？你最近都在干什么？你脑子里在想什么？你不会出轨了吧？”

于是，丈夫也生气地对美波说：“吵死了！你给我闭嘴！过不下去就离婚算了！”

这下美波彻底走投无路了，她不知道该怎样修复与丈夫之间的感情，也不知道该从哪里开始修复。美波无法下定决心离婚，于是，她来听了我的讲座。

我在详细询问美波和她丈夫的感情状况后，了解到此时美波丈夫正处于工作的成长期。而当时正是他们婚姻生活从倦怠期到衰退期的过渡阶段。我开始指导美波从丈夫的工作周期和婚姻生活周期间的关联中，找到解决问题的关键。

美波在跟我的交流中，开始意识到自己必须有所改变。在公司，丈夫疲于应对复杂的人际关系；回到家，丈夫为自己与妻子的关系而心烦。美波猛然发觉，原来自己的丈夫一直诸事不顺。

通过领悟我在第 1 步中讲到的“满足自己”，美波明白了生活中出现的各种问题其实与她的内心（潜意识）有密切联系。幼年与父母相处时留下的心灵创伤依旧会残留在内心深处，当成年后遇到一些事情时，便会被重新唤醒。

我告诉美波，爱有许多种形式，爱是一切的前提。美波由此懂得了父母对自己的爱，也准确接收到了丈夫对自己的爱。

美波从此发自内心地感激丈夫，美波的丈夫也逐渐敞开心扉，向她倾诉工作中的烦心事，原来，公司里有位女职员突然离职辞去了工作，给大家的工作带来了极大麻烦。与以往不同，美波帮助丈夫深入分析了一番员工心理，从而使丈夫工作中的人际关系问题也逐渐得到了解决。

紧接着，美波夫妇第一次就养育孩子的周期展开了讨论。他们的孩子即将进入幼儿园，这段时期需要做哪些调整，接下来该怎么办，通过跟妻子讨论这些问题，美波的丈夫更加理解了自己的家人，开始在自己的节奏下为家里做力所能及的事情。

至此，美波的婚姻危机得以解除，他们的夫妻关系也重新变得融洽。

先解决自身问题，再去爱丈夫和孩子

倦怠期既是忘记感谢对方的时期，也是凸显自身问题的

时期。对自身的问题视而不见，把精力全部集中到孩子身上，从各种关系上来看，这都是一种危险的行为。得先解决自身问题，让自己获得足够的满足感才是避免更大危机出现的根本。

在此基础上，像美波夫妇那样，夫妻同心协力跨越婚姻生活的倦怠期和衰退期，再越过重生期，进入成熟期，彼此挣脱羁绊和加深信赖，从而建立起理想的夫妻关系。

请你的丈夫在下表中写下他的工作周期吧！工作周期会因不同类型的工作而不同。将自己与丈夫工作的周期以及养育孩子的周期综合起来进行考虑，向着未来努力奋进，你们将会过上理想的婚姻生活。

工作时间	工作周期
年至　　年	（　）期
年至　　年	（　）期
年至　　年	（　）期
年至　　年	（　）期

如何跨越婚姻倦怠期

由于常年接触各类夫妻咨询案例，我渐渐明白，许多夫妻的婚姻生活会在 7 年左右的时间里经历从成长期到倦怠期，再从倦怠期到衰退期的过程。成功走过倦怠期的夫妻将跨越衰退期，来到重生期，朝着成熟期迈进。

当然，每一对夫妻的情况都不尽相同。有很多人没有察觉到倦怠期就直接进入了衰退期。

倦怠期将夫妻二人带到了人生的岔路口，夫妻俩要怎样做才能跨越这段时期呢？那就是去爱对方，首先培育对彼此的爱，然后接受对方的爱，继而让爱循环往复。

我发现由于社会风气的影响，很多人都欠缺“如何向他人表达爱，用行动去爱一个人”的教育。真希望有更多地方可以让人们了解如何维护夫妻生活、养育孩子的过程中不可缺少的元素——爱。

只要夫妻同心，努力克服倦怠期，就有希望跨越衰退期，历经重生期，步入成熟期。

越是到了成熟期，就越需要制造新鲜感

婚姻生活的成熟期是一个稳定而缺乏新鲜感的时期，也是双方极易感到厌倦、无趣的时期。尽管日子还能过得下去，双方对生活也并没有什么怨言，但仍让人忍不住去想：我真的情愿就这样过下去吗？不过，也有很多人很享受这种安稳的生活，并且很满足。

此时，重要的是先认识到当下你们正处于成熟期，然后，夫妻二人共同讨论下一个人生目标，相互分享自己的想法，并付诸行动。

如果夫妻二人都没有察觉到婚姻生活正处于成熟期，可能就会向外界寻求刺激。这种情况将危及夫妻感情。如果两人无法顺利攻克难关，就很容易走向婚姻关系破裂的结局。

越是处于成熟期，就越要将精力放到自己身上。不妨接触一些新鲜事物吧！一成不变总会让人有腻烦的时候。把这段时期视作中场休息的时间，从而更好地为你们的下一个人生阶段做好准备。

成熟期所需的正面刺激包含知识层面的刺激和灵感方面的刺激等多种刺激，但如果只是想通过改变生活场所来获取新鲜体验的话，旅行是个不错的选择。

正因为该阶段生活稳定有序，你不妨好好利用成熟期，挑战一些以往做不到的事情。比如：去读研究生、开拓新项目、大量阅读图书等，趁机丰富自己的学识。

“我该如何迈入下一人生阶段？我想拥有怎样的人生？”在和丈夫一起思索上述问题之前，请你自己先想一想。

当然，你的丈夫也需要思考上述问题，之后夫妻二人共同商讨，发表各自的见解。夫妻关系将会变得更加融洽，生活热情也会高涨起来。

如此一来，在成长期和成熟期的反复循环中，不管到了什么年纪，你和你的丈夫都能够一步步地登上新的人生高峰。

我衷心祈愿，越来越多的夫妻不论岁月如何更迭都能始终深爱彼此，满足自己，同时共享丰富的精神世界。

爱的秘诀

- [ ] 不再“扮演”讨好丈夫的妻子。
- [ ] 夫妻之间的沟通，要触及事情本质，而不是松散地流于形式的沟通。
- [ ] 给丈夫留有说话的空隙。
- [ ] 幽默地表达不满和愤怒。
- [ ] 征求丈夫的意见，让丈夫更多地参与自己的生活。
- [ ] 不过度限制丈夫的消费。
- [ ] 掌握工作、育儿与婚姻生活的周期，共同过上理想生活。

未来，属于终身学习者

我们正在亲历前所未有的变革——互联网改变了信息传递的方式，指数级技术快速发展并颠覆商业世界，人工智能正在侵占越来越多的人类领地。

面对这些变化，我们需要问自己：未来需要什么样的人才？

答案是，成为终身学习者。终身学习意味着永不停歇地追求全面的知识结构、强大的逻辑思考能力和敏锐的感知力。这是一种能够在不断变化中随时重建、更新认知体系的能力。阅读，无疑是帮助我们提高这种能力的最佳途径。

在充满不确定性的时代，答案并不总是简单地出现在书本之中。“读万卷书”不仅要亲自阅读、广泛阅读，也需要我们深入探索好书的内部世界，让知识不再局限于书本之中。

湛庐阅读 App：与最聪明的人共同进化

我们现在推出全新的湛庐阅读App，它将成为您在书本之外，践行终身学习的场所。

- 不用考虑“读什么”。这里汇集了湛庐所有纸质书、电子书、有声书和各种阅读服务。
- 可以学习“怎么读”。我们提供包括课程、精读班和讲书在内的全方位阅读解决方案。
- 谁来领读？您能最先了解到作者、译者、专家等大咖的前沿洞见，他们是高质量思想的源泉。
- 与谁共读？您将加入优秀的读者和终身学习者的行列，他们对阅读和学习具有持久的热情和源源不断的动力。

在湛庐阅读App首页，编辑为您精选了经典书目和优质音视频内容，每天早、中、晚更新，满足您不间断的阅读需求。

【特别专题】【主题书单】【人物特写】等原创专栏，提供专业、深度的解读和选书参考，回应社会议题，是您了解湛庐近千位重要作者思想的独家渠道。

在每本图书的详情页，您将通过深度导读栏目【专家视点】【深度访谈】和【书评】读懂、读透一本好书。

通过这个不设限的学习平台，您在任何时间、任何地点都能获得有价值的思想，并通过阅读实现终身学习。我们邀您共建一个与最聪明的人共同进化的社区，使其成为先进思想交汇的聚集地，这正是我们的使命和价值所在。

浙江省版权局图字：11-2024-216

图书在版编目（CIP）数据

如何接受爱和培养爱 /（日）弘子·格蕾丝著；李江英译 . — 杭州：浙江科学技术出版社，2024.6
ISBN 978-7-5739-1249-7

Ⅰ . ①如… Ⅱ . ①弘… ②李… Ⅲ . ①婚姻—社会心理学—通俗读物 Ⅳ . ① C913.13-49

中国国家版本馆 CIP 数据核字（2024）第 110310 号

书　名	**如何接受爱和培养爱**
著　者	[日] 弘子·格蕾丝
译　者	李江英

出版发行	**浙江科学技术出版社**
	地址：杭州市环城北路 177 号　邮政编码：310006
	办公室电话：0571－85176593
	销售部电话：0571－85062597
	E-mail:zkpress@zkpress.com
印　刷	天津中印联印务有限公司

开　本	880mm×1230mm　1/32	**印　张**	5.75
字　数	105 千字		
版　次	2024 年 6 月第 1 版	**印　次**	2024 年 6 月第 1 次印刷
书　号	ISBN 978-7-5739-1249-7	**定　价**	69.90 元

责任编辑	陈　岚	**责任美编**	金　晖
责任校对	张　宁	**责任印务**	田　文